HUBERT MARKL

D1665557

Gehirn und Geist

Biologie und Psychologie auf der Suche nach dem ganzen Menschen

Wodurch unterscheidet sich der Mensch vom Tier? Von allen vermeintlich oder wirklich einzigartig menschentypischen Eigenschaften sind eigentlich nur drei bis vier wesentliche Phänomene übriggeblieben, die überdies auch noch eng miteinander verbunden ein psychobiologisches Syndrom bilden, das zusammen den Menschen physisch und psychisch einzigartig macht. Sprache, Einfühlungsvermögen, Bewußtsein und damit verbunden: Selbsterfahrung von Willensfreiheit. Bedauerlicherweise sind allerdings nicht alle gleichermaßen einer objektiv-externen Analyse zugänglich, wie dies für die Sprache zutrifft, die wir von außen an Mitmenschen wahrnehmen und erforschen können. Selbst sie kann man sich jedoch nicht ohne Einfühlungsvermögen vorstellen, mittels dessen einem anderen Lebewesen, ja sogar manchmal unbelebten Naturereignissen Ziele, Absichten, Wünsche und Gefühle zugeschrieben werden. Wir wissen natürlich aus Selbsterfahrung, daß wir solches nicht nur können, sondern gar nicht anders können, als dies gegenüber Mitmenschen so zu tun, doch haben ausgeklügelte Verhaltensversuche bei Tieren nichts davon oder allenfalls bei Menschenaffen Ansätze dazu erkennbar gemacht.

Dazu paßt, daß Tiere zwar unglaublich viel lernen und im Gedächtnis speichern können; Bienen, Tauben, Primaten und andere lernen sogar abstrakte Merkmale und Merkmalbeziehungen. Doch eines können sie offenbar nicht, was wir Menschen in einem fort tun: Lehren, das heißt die Lernbemühungen ihrer Partner als solche erkennen und durch geeignetes Beispiel zur Nachahmung anregen. Genauso fehlt ihnen eine voll entwickelte Fähigkeit zur Nachahmung: Nachäffen ist eben noch lange nicht dasselbe wie eine echte Imitation, auf deren vokaler Form zum Beispiel das spielend leichte Erlernen der Muttersprache bei unseren Kleinkindern beruht. Dazu bedarf es offenkundig einer »Theory of Mind«.[1]

Dennoch wäre auch die fragliche Befähigung zum »Gedankenlesen« bei Tieren zumindest prinzipiell mit geeigneten Verhaltensversuchen externer Beobachtung zugänglich. Dies gilt nicht so für das dritte Menschenmerkmal kat exochen: Bewußtsein als Selbstbewußtsein, durch das wir erst an uns selbst die Erfahrung der Qualia, also von Empfindungsqualitäten, und des Einfühlungsvermögens in Wünsche und Absichten von Verhaltenspartnern machen. Daß auch unsere Mitmenschen, jedenfalls zumeist und unter be-

---

[1] Vgl. David Premack / Ann Premack, *Original Intelligence.* New York: McGraw-Hill 2003; Michael Tomasello, *The Cultural Origins of Human Cognition* (1999) und *Constructing a Language* (2003), beide bei Harvard University Press, Cambridge.

stimmten Umständen, über das Bewußtsein ihrer Selbst, ihrer Gedanken und Gefühle verfügen, wissen wir nur deshalb, weil sie es uns sprachlich vermitteln können – das heißt, wir müssen es ihnen glauben. Sind sie stumm oder verstehen wir ihre Sprache nicht, so unterstellen wir ihnen solches Bewußtsein aus übertragener Erfahrung, solange wir nicht durch ihr andersartiges Verhalten widerlegt werden. Da Tiere jedoch ausnahmslos nicht über eine Sprache verfügen, die es ihnen – trotz noch so geduldiger Sprachlehrbemühungen von Verhaltensforschern – erlauben würde, uns ihre Bewußtseinsinhalte kundzutun, sind Schlußfolgerungen auf ihre Bewußtseinsfähigkeiten notwendig auf Indizien angewiesen.

Diese sind für Menschenaffen besonders überzeugend – etwa Selbsterkennung ihres Spiegelbildes, wenn auch keineswegs ganz geklärt ist, was das besagt. Wider nachweislich besseres eigenes Wissen durch geeignetes Verhalten Partner absichtsvoll irrezuführen, vulgo sie zu belügen, bei ihnen also falsche Vorstellungen hervorzurufen, könnte im Nachweisfall die Annahme von Bewußtsein und Einfühlungsvermögen fast unabweislich erscheinen lassen: Unsere eigenen Kinder können dies erst ab drei bis vier Jahren. Ob Menschenaffen, geschweige denn andere Tiere dazu fähig sind, bleibt freilich höchst umstritten. Lügen scheint also nicht nur eine unerfreuliche Unart des Menschen – wir erinnern uns an Immanuel Kants ausnahmslose moralische Verurteilung der Lüge. Es könnte zugleich ein wichtiges Zeichen menschlichen Wesens sein, das uns über alle Tiere erhebt: ein recht nachdenkenswerter Widerspruch, heißt dies nämlich nicht, gerade unsere Menschlichkeit moralisch zu verdammen? Wer nicht lügt, mag moralisch sein; wer nicht lügen kann, wäre hingegen einfach tierisch.

Der Unterschied zwischen Menschensprache und Tierkommunikation besteht darin, daß Tierkommunikation über gegebene Bereitschaftszustände von Signalsendern, seltener schon auch über die Umwelt, Nachricht gibt, während Menschensprache darüber hinaus Sprache über sprachlich ausdrückbare Gedanken, Wünsche, Gefühle, Absichten bedeutet. Sie ist also Sprache über Sprache, die darüber noch einmal hinaus sogar über lediglich Erdachtes, real gar nicht Existierendes zu sprechen erlaubt. Sprache im Menschensinn ist somit gar nicht vorstellbar ohne Bewußtsein, das nicht nur das gegebene Selbst und seine Umwelt repräsentiert, wie es wohl auch für höhere Tiere angenommen werden kann, sondern erdachte, erfundene Inhalte des Bewußtseins, also von Gedanken, auszudrücken vermag – und wäre sie noch so perfekt artikuliert.

Deshalb sind Sprache, Bewußtsein und Bewußtseinszuschreibung zwar getrennt voneinander erforschbar, aber in der Wirklichkeit immer auf das engste miteinander verbunden. Michael Tomasello hat gute Argumente dafür vorgebracht, daß erst intentionales Bewußtsein zusammen mit der Zuschreibung genau solchen intentionalen Bewußtseins an andere – beginnend mit dem Wechselspiel zwischen Baby und Mutter – überhaupt menschliche Kultur ermöglicht hat und daß die Symbolvermittlung durch Sprache in einem kulturell-historischen Prozeß auch zur Grammatikalisierung von sprachlicher Kommunikation geführt hat.

In der Sprache gibt nicht nur – wie bei tierischer Kommunikation – ein Signal eine Nachricht über einen Verhaltenszustand des Senders ab, die über die Rezeption und Decodierung im Empfänger als Bedeutung erkannt und bewertet wird: »Der singende Vogel besitzt ein Revier und wird es verteidigen, und er ist zudem auch noch viel lautstärker als ich.« Sprache kann – reale und imaginierte – Welten erfinden und anderen vermitteln, die es zunächst nur im Bewußtsein des Sprechenden gab und die durch Sprache zu gemeinsamen Bewußtseinsinhalten mit allen möglichen Verhaltensfolgen werden. Sprache schafft ein Weltmodell aus Symbolen, in dem und mit denen der Sprecher und die Zuhörer zusammen agieren können. Dies ist wahrhaft menschlich. Spätestens hier hört Biologie auf und fängt Psychologie an; wenn denn Psychologie nicht einfach ein Teil der Menschenbiologie, nämlich Biologie des einzigartig Menschlichen ist.

Denn ganz wird die Psychologie auch hier die Biologie nicht los. Gilt es doch zu fragen: Wie konnten Bewußtsein, Einfühlungsvermögen, Sprache evolutionär entstehen? Was war noch im Tier, was dann erst den Menschen möglich machte? Das stellt die Frage nach der Evolution – nach naturwissenschaftlichem Verständnis also: nach der Emergenz – der Entstehung des Neuen, das aus den Voraussetzungen nicht deterministisch vorhersagbar ist – der neuralen Systemeigenschaften von Sprache, Bewußtsein und Einfühlungsvermögen. Da Evolution nichts anderes als der genetische Wandel von Populationen ist, lautet die Frage: Welcher molekulargenetische Wandel hat über die Entwicklung des Gehirns diese emergenten Möglichkeiten bei Primaten erschlossen, also Menschwerdung ermöglicht?

Da wir über Genetik und Evolution von Bewußtsein bei Tier und Mensch nicht sehr viel wissen und, was das Einfühlungsvermögen in die Gedankenwelt von Partnern betrifft, allenfalls annehmen können, daß erst eine menschentypische »Theory of Mind« auf menschentypisches Bewußtsein schließen läßt, konzentrieren sich seit langem viele Bemühungen auf die Aufklärung der Evolutionsgeschichte der Sprache. Daß zumindest bei Geltung von Noam Chomskys linguistischen Theorien allen noch so verschiedenen menschlichen Sprachen eine universalgrammatische Tiefenstruktur zugrunde liegen soll, was allerdings keineswegs unbestritten ist, mußte dazu herausfordern, nach den angeborenen genetischen Bedingungen solcher Kompetenz zu fragen. Da inzwischen sogar gezeigt werden konnte, daß Mutationen an einzelnen definierten Genen spezifische grammatikalische Sprachstörungen zur Folge haben können, macht dies zwar solche Gene noch lange nicht zu »Sprachgenen«, beweist jedoch – wie ohnehin nicht anders zu erwarten –, daß genetische Anlagen über Gehirnfunktionen maßgeblichen Einfluß auf menschliche Sprache (wie ja nicht anders auch auf Kommunikationssignale von Tieren) haben können.

Verhaltensgenetik und Verhaltensevolution sind heute unverzichtbare Bestandteile vergleichender Verhaltensforschung unter Einschluß des Menschen, wenn wir wirklich nach dem ganzen Menschen fragen wollen. Aber was vermögen sie uns über die psychische Menschwerdung zu sagen? Denn alle evolutionsbiologischen, vergleichend-linguistischen und paläopsycholo-

gischen Studien erlauben letztlich nicht, beweiskräftig zu entscheiden, wie
der Siegeszug des Menschen durch den Besitz symbolischer Lautsprache von-
statten gegangen ist. Dafür lenken sie jedoch unseren Blick auf der Suche
nach dem ganzen Menschen auf zwei andere wesentliche Aspekte.

Zunächst hat alle – auch die begrenzt molekular-genetisch erfolgreiche –
biogenetische Suche nach den angeborenen Grundlagen menschlicher
Sprache eins immer deutlicher werden lassen, was angeborene Grundlagen
menschlichen Verhaltens ganz allgemein betrifft. Genetisch vorbereitet ist
nichts so sehr wie die differenzierende Entfaltungsmöglichkeit durch individuelles Lernen und soziale Tradition: So wie schier unbegrenzte Sprachen-
vielfalt aus allgemeinmenschlicher genetischer Sprachkompetenz hervorgeht, zeigt sich dies überdeutlich. Genetisch, so möchte man es scheinbar paradox formulieren (scheinbar, da dem eine falsche Vorstellung vom Zwangs-
bestimmungscharakter von Erbanlagen zugrunde liegt!), genetisch ist dem
Menschen vor allem kreative Freiheit zur individuellen und sozialen Verhal-
tensverwirklichung angeboren. Dazu steht durchaus nicht im Widerspruch,
daß genetisch eine Fülle von Grundverhaltensweisen – sozusagen die Infra-
struktur der Psyche, von Herzschlag und Atmung, Biorhythmik, Nahrungs-
aufnahme, Temperaturhaushalt und Ausscheidungsdrang bis hin zu aufrech-
tem Stand, zweibeinigem Lauf und einer ganzen Grundausstattung an Kör-
perempfindungen und neuroendokrin gesteuerten Emotionen – vorgegeben
oder jedenfalls für Übung und Lernanreicherung vorbereitet sind.

Ein Bild mag dies verdeutlichen: Menschenverhalten (und Menschen-
geist) bewegen sich in genetisch vorbereiteten Strukturen wie Boote auf
einem weiten Meer der Möglichkeiten, freilich von Ufern begrenzt, von genetischen Klippen umgeben, von emotionalen Untiefen geleitet und begleitet oder gefährdet, von den Stürmen der Leidenschaften angetrieben, aber
immer auch bedroht. Genetische Evolution machte Menschen gleichsam zu
freigelassenen Sklaven der Schöpfung, emanzipiert im Wortsinne, aber deshalb doch noch lange nicht zu Engeln; sie bleiben immer überaus erd- und
erbverhaftete biologische Wesen.

Dies ist das eine. Das andere hat mit dem uns letztlich nur introspektiv,
aus eigenem Erleben wirklich unmittelbar zugänglichen Phänomen menschlichen, seiner selbst bewußten Bewußtseins zu tun. Bewußtes Erleben ist sozusagen der epistemische, wenn nicht gleich ontologische Goldstandard von
Welt- und Selbsterfahrung – ganz unabhängig davon, was wir aus neurophysiologischen oder neuralabbildenden Untersuchungen über objektivierbare
Anzeichen solcher Gehirnleistungen ermitteln können. Bewußte Erfahrung
ist der Wurzelgrund unserer Existenz, und selbst wenn evolutionäre Einsicht
ein *sum ergo cogito* nahelegt, bleibt für uns phänomenologisch selbst dafür *cogito ergo sum* die primäre Erfahrungsgrundlage unserer Existenz.

Aber setzen wir unbestreitbares »bewußtes Erleben« nicht unbedacht mit
der Behauptung der Existenz einer Sache namens »Bewußtsein« gleich! Wir
neigen nämlich dazu, das Vorhandensein von Begriffen als Beweis für reale
Tatsachen der Wirklichkeit zu nehmen, die ihnen entsprechen. Nur zu leicht
meinen wir, wenn wir eine Erfahrung auf den Begriff bringen, daß dies des-

halb auch eine definierbare und definierte Sache sein muß; unsere Neigung zum Verdinglichen, zum Reifizieren, kennt so wenig Grenzen, wie jene zur Personifizierung, zur Zuschreibung personaler Qualitäten zu Wahrgenommenem.

Menschensprache zeichnet sich ja dadurch aus, daß sie dies möglich macht, sie macht uns alle zu geborenen Animisten: Vom donnernden Wotan bis zu Frau Holle wimmelt unsere Erfahrungsdeutung davon. Was wir mit einem Nomen benennen – eben auch Seele, Geist, Bewußtsein, Willensfreiheit –, steht zwar durchaus für eine Wirklichkeit der Erfahrung, aber ist es deshalb schon ein »Ding«? Kann es nicht auch ein Prozeß sein oder ein Zustand oder eine Leistung des Nervensystems? Wir müssen deshalb immer auf diese Verführbarkeit durch sprachliche Verdinglichung und Personifizierung achten, wenn wir nicht auf falsche Fährte gelockt werden wollen. Daß wir durch die Tatsachen unserer Erfahrung, unseres Denkens und darüber Sprechens dazu veranlaßt werden, die nützliche begriffliche Vereinfachung zu wählen – Ich, Selbst, Psyche, Bewußtsein, Wille –, beweist nicht solche dingliche Existenz, sondern nur Erfahrungen, denen wir solche realabstrakten Begriffe zuteilen. Thomas Metzinger hat sehr genau erläutert, worin die eigentliche Selbsttäuschung über das bewußte Selbst und seine Eigenschaften bestehen könnte: zu reifizieren und zu personifizieren, was doch in Wirklichkeit ein Lebensprozeß eines organismischen Systems ist, den das System selbst wieder – zum Beispiel in Teilen seines Zentralnervensystems – fortlaufend repräsentieren und daher introspektiv beobachtbar machen kann.[2]

Nehmen wir zum Beispiel den Begriff Bewußtsein. Zunächst könnten wir ihn vielleicht als ein introspektives Epiphänomen aller neurophysiologischen Abläufe abtun – eine Art organismisches Motorgeräusch bei laufender Maschine, wenn alles, was das Gehirn tut, immer von etwas, was wir introspektiv Bewußtsein nennen, begleitet wäre. Dem ist aber nicht so. Wir alle wissen, daß einen beim Einschlafen, nach der fünften Maß Bier, einem gehörigen Schlag auf den Hinterkopf, bei einem Kreislaufkollaps und manchmal sogar schon beim allzu tiefen Blick in allzu schöne Augen das besonnene Bewußtsein durchaus verlassen kann. Wir wissen auch – und zwar keineswegs erst seit Carl Gustav Carus oder Sigmund Freud –, daß ständig genug Unbewußtes in uns, sozusagen im Maschinenraum, rumort. Vor allem daß vieles, was wir einmal perfekt senso-neuro-motorisch eingeübt haben – Sprechen, Laufen, Springen, Werfen, selbst radfahren und Geige spielen –, uns unbewußt verfügbar werden kann. Unser bewußtes Dasein schwimmt wie eine Insel auf einem Strom der Möglichkeiten. Geist ist nicht einfach, »was das Gehirn tut«, sondern eher das, was wir bewußt davon erfahren. Deshalb macht es schon Sinn, über zwei oder drei Aspekte dieses seltsamen Bewußtseins zu reflektieren, selbst wenn wir über seine fragliche Dinglichkeit und dessen Evolutionsentwicklung wenig Genaues wissen. Ist es vielleicht doch erst mit der metasprachlich-symbolischen Sprache bei *Homo sapiens* voll erblüht?

---

[2] Thomas Metzinger, *Being No One*. Cambridge: MIT Press 2003.

Fragen wir zunächst: Was könnten erstens seine neurobiologischen Voraussetzungen (nicht etwa eine Reduktion auf seine physischen Ursachen oder die Bestimmung gar seines »Wesens«) sein? Wozu könnte es uns zweitens überhaupt nützen? Biologischer gefragt: Was könnte sein Anpassungswert sein? Wozu brauchen wir es überhaupt, wenn Honigbienen oder Kampffische mutmaßlich prächtig ohne solches Bewußtsein auskommen? Welche Folgen sind drittens mit seinem Besitz (oder besser: mit der Fähigkeit zu menschlicher bewußter Erfahrung) verbunden? Ist vielleicht die Selbsterfahrung freien Willens nur ein anderes Wort für volle Bewußtseinsfähigkeit und deren sprachliche Mitteilbarkeit?

Was die neurobiologischen Voraussetzungen bewußten Erlebens angeht, so gibt es darüber eine fast so reichlich überquellende biologisch-psychologisch-philosophierende Bewußtseinsindustrie wie die vergleichbare evolutionäre »Darwin-Industry«.[3] Paul Glimcher hat anders als die sonstige vorwiegend angelsächsische Bewußtseinspublikationsmaschinerie auf eine psychophysisch fundamentale Arbeit über das Reafferenzprinzip von Erich von Holst und Horst Mittelstaedt von 1950 hingewiesen,[4] in der meines Erachtens vielleicht der fruchtbarste Ansatz zur Aufklärung der neurobiologischen Grundlagen von Bewußtsein überhaupt – bei Tier und Mensch – gesehen werden könnte. Es wird dort ein theoretischer Zugang dazu eröffnet, wie auf der Grundlage der senso-neural-motorischen Regelkreise – die einem frei beweglichen Tier Lagekontrolle, Konstanz der Umwelt trotz ständiger Relativbewegung zu ihr (und andere psychophysische Konstanzphänomene), vor allem aber trotz ständiger reflektorischer Stellungskontrolle – eine beliebig freie, zielgerichtete Beweglichkeit ermöglicht wird: Ich habe dabei die Worte »beliebig«, »frei« und »zielgerichtet« (oder »intentional«) durchaus mit Absicht gewählt!

Die fundamentale Unterscheidung zwischen durch eigenes Handeln (durch Efferenzen) hervorgerufenen Ausführungsrückmeldungen (Reafferenzen) und durch externe Umweltveränderungen bewirkten Meldungen (Exafferenzen) an das Zentralnervensystem kann nicht nur die ständige Bewegungskontrolle von fliegenden Libellen bis zu insektenhaschenden Schwalben oder springenden Delfinen erklären; sie öffnet buchstäblich zugleich ein Fenster auf einen Prozeß, der Gehirn und Gedächtnis genau das zur Verfügung stellt, was diese – und damit auch Bewußtsein und denkender Geist – als Grundvoraussetzung bewußten Erlebens benötigen. Von Holst und Mittelstaedt haben diesen unaufhörlichen Strom von Meldungen und deren Registrierung im Gehirn von allem, was ein Tier selbst aktiv tut, als Erzeugung von »Efferenzkopien« bezeichnet, die zusammen mit den Rückmeldungen aus der Peripherie das aktive Individuum in selbst nicht ganz

---

[3]   Vgl. Christoph Koch, *The Quest of Consciousness*. Englewood: Roberts & Co 2004; Gerald M. Edelmann, *Wider than the Sky*. London: Penguin 2004; Paul W. Glimcher, *Decisions, Uncertainty, and the Brain*. Cambridge: MIT Press 2003.

[4]   Erich von Holst/Horst Mittelstaedt, *Das Reafferenzprinzip*. In: *Naturwissenschaften*, 1950, S. 464-476.

stabiler und daher auch nicht vorhersagbarer, aber doch in Grenzen über-
wachbarer (genauer: als wahrscheinlich abschätzbarer) Umwelt eingebettet
neural zu repräsentieren vermag.

Gewiß ist es ein sehr weiter Weg von der Lagekontrolle eines freischwim-
menden Fisches zum intentionalen Ich-Selbst-Bewußtsein von Ego und zur
Zuschreibung eines gleichen intentionalen Bewußtseins gegenüber einem
Verhaltens- und Kommunikationspartner, also einem Alter ego, das einer
menschlichen »Theory of Mind« zugrunde liegt, aber jeder weite Weg wird
meist mit vielen kleinen Schritten (nur selten großen Sprüngen) begonnen.

Wenn jedenfalls ein Gehirn einmal so ungeheuer viele (man schätzt 10^{11}
davon) dicht gepackte, eng vernetzte Neuronen enthält wie das menschliche
Gehirn – darunter Spiegelneuronen, die nicht nur bei eigenen motorischen
Handlungen, sondern auch bei der Wahrnehmung der gleichen Handlungen
bei Artgenossen aktiv werden, ein Gehirn mit gewaltiger Speicherkapazität,
mit riesigem Stoffwechselaufwand auf Mikrosekunden genau kontrollierten
Funktionsabläufen –, ist es dann nicht vorstellbar, daß aus der gigantischen
geordneten, rekursiven Repräsentation unzähliger Efferenzkopien, Re- und
Exafferenzen, dem ständigen Strom an Meldungen des eigenen inneren und
äußeren Zustands und den Bedürfnissignalen und Bewertungen aus dem en-
dokrinen System, dem limbischen System, den Informationsspeichern weiterer wichtiger Gehirnareale eine Gesamtrepräsentation des Individuums mit
kontinuierlichem Update seiner Eigenschaften zustande kommt, in der all
das verfügbar ist, was uns als bewußtes Selbst ausmacht? Ohne daß wir deshalb sagen können, was dies »Bewußt-Sein« ist: genug, daß wir es fühlen
und an uns ständig erfahren. Vielleicht ist Bewußtsein der »überschaubare«
Extrakt der Überfülle gespeicherter oder ständig eingehender Informationen, das uns überhaupt erst Handeln ermöglicht. Thomas Metzinger hat dies
so ausgedrückt: »conscious experience consists in the activation of a coherent
and transparent world-model within a window of presence«.

Wozu aber sollte uns ein solches präsentes inneres Weltmodell dienen?
Vielleicht ist die Frage falsch gestellt, denn es möchte wohl sein, daß ein Gehirn von solch gewaltiger Leistungskomplexität, wie es das menschliche ist,
ganz automatisch ein solches Weltmodell (und, um auch dies hinzuzufügen,
viele weitere kreativ imaginierbare mögliche Weltmodelle) beinhaltet oder
dies jedenfalls besonders kreativen Gehirnen ermöglicht. Dies mag so sein,
und in solchem Sinne wäre alles Bewußtsein dann zugleich höchst wirklich
und dennoch ein emergentes Epiphänomen solcher Hyperleistungsgehirne.
Besitzt man solche allerdings einmal, so kann und sollte man sie wohl auch
benützen. Die Evolution hat nie gezögert, sich solcher emergenter »Präadap-
tationen« andersartiger selektiver Prozesse zu bedienen, von Reptilienschup-
pen, die zu Vogelfedern, von Hangelhänden, die zu Werkzeugmanipula-
tionsgreifern wurden. Was also tut ein Wesen mit einem solch kreativ-
bewußten Schwellkopf, wie wir ihn nun einmal haben?

Damit komme ich zur zweiten Frage nach dem Bewußtsein aus funktiona-
ler Sicht, was einen wenigstens kursorischen Hinweis auf die mathematische
Spieltheorie für die Erklärung der Evolution sozialen Verhaltens bei Tieren

erfordert.[5] Während die Evolution individueller körperlicher oder Verhaltensmerkmale, die nur das Individuum selbst betreffen, und Aufgaben, die es sozusagen allein erledigen kann – etwa Laufen oder Farbensehen –, mit den Fitness-Optimieralgorithmen der natürlichen Selektion beschrieben werden kann, wird dies grundsätzlich anders, wenn bei einem Verhalten ein arteigener oder artfremder Verhaltenspartner auftritt, der in seinem Verhalten seine Fitness (genauer: seine »inclusive fitness«) ebenso zu maximieren versucht wie sein Gegenüber, also etwa bei Balzverhalten, Paarungsverhalten, Brutpflege, Aggression, Feindvermeidung, Wirt-Parasit-Verhältnis usw. Immer tritt hier Ego, dem Egoisten, ein Alter ego gegenüber, das nicht weniger egoistisch ist. Keiner hat eindringlicher verständlich gemacht als der jüngst verstorbene Evolutionsbiologe John Maynard Smith, daß die von John von Neumann und Oscar Morgenstern entwickelte mathematische Spieltheorie einen angemessenen Formalismus zur Beschreibung solcher interaktiver »Verhaltensspiele« zwischen allen möglichen Lebewesen bereitstellt, da nun der Fitnessertrag beziehungsweise die Fitnesskosten des Verhaltens von Ego nicht nur von seiner eigenen adaptiven Geschicklichkeit abhängen, sondern von dem, wie der Partner Alter ego auf jeden eigenen Spielzug selbst wieder die eigene Fitness steigernd oder mindernd reagieren kann. Ob ich angreifen oder fliehen oder vielleicht auch nur drohen oder bluffen soll, hängt eben außer von meinem Handlungspotential auch von dem Gegenhandlungspotential des Partners ab.

Fast immer hat ein Lebewesen verschiedene Verhaltensoptionen, zwischen denen es sich – möglichst fitnesserhaltend oder -steigernd – entscheiden muß. Dazu muß es die wahrscheinlichen Folgen seines eigenen Verhaltens und der Verhaltensmöglichkeiten des Partners wenigstens grob abschätzen, wenn es sich nicht dem Zufall ausliefern will. Nichts kann dabei richtiges fitnessförderndes Verhalten besser auf künftige Wiederholung von Begegnungen solcher Art anpassen als individuelles Lernvermögen durch operante Konditionierung, also durch Versuch und Erfolg. Noch besser wäre es, wenn dabei ein Individuum durch Beobachtung und Nachahmung von Artgenossen, besser noch durch soziale Kommunikation mit ihnen, also durch soziales Lernen und Lerntradition, auch von gemachten Erfahrungen anderer Mitglieder einer sozialen Gemeinschaft lernen und diese im Gedächtnis behalten könnte. Aber am allerbesten wäre es, das eigene Können und Wollen, Fühlen und Fürchten, die eigenen in bestimmten Situationen gemachten Erfahrungen und solche Erfahrungen anderer und die eigenen Verhaltensmöglichkeiten wie in einem Modell der Welt vorausdenkend zu planen und dessen diverse Optionen in ihren Folgen einschätzen oder durchspielen zu können – ja darüber hinaus sogar eine Vorstellung davon entwickeln zu können, was dem

5   John Maynard Smith, *Games, Sex and Evolution*. New York: Harvester 1988; Karl Sigmund, *Games of Life*. Oxford: Oxford University Press 1993; vgl. Hubert Markl, *Evolution des Bewußtseins*. In: *Jahrbuch Heidelberger Akademie der Wissenschaften*. Heidelberg: Springer 1995; Gerd Gigerenzer, *Das Einmaleins der Skepsis*. Berlin: Berlin 2002; Peter Hammerstein (Hrsg.), *Genetic and Cultural Evolution of Cooperation*. Berlin: Dahlem University Press 2003.

Partner wohl bei dem Versuch, sein eigenes Verhalten genauso adaptiv vorauszubedenken, dabei durch den Kopf gehen könnte. Schließlich bedeutet ja genau dies, eine wirkliche »Theory of Mind« zu besitzen. Da wäre man dann zwar bestimmt ein berechnendes Wesen – was man dem Menschen und anderen Primaten ohnehin nachsagt –, auch ein ziemlich intelligent auf wechselnde Herausforderungen vorbereitetes und antwortendes Wesen, vor allem aber wäre man ein Wesen, dem eines nicht leicht abgesprochen werden könnte: Bewußtsein – auf reicher unbewußter Vorerfahrung, ein Eindenk- und Einfühlungsvermögen und eine metareflektorische Fähigkeit, Repräsentationen über Repräsentationen, also Gedanken über Gedanken zu bilden und diese, wenn symbolische Sprachfähigkeit hinzukommt, auch noch an andere weiterzugeben. Der Mensch ist ja kein von Geburt an angepaßtes Wesen, sondern ein Selbstanpasser.

Da es dabei in erster Linie um Handlungen, häufig kommunikative Handlungen, geht – Partnergewinnung, Beuteerwerb, Konkurrentenbesiegung, Feindvermeidung, Jungenbetreuung etc. –, ist es gar nicht so verwunderlich, daß bei uns Menschen solche Wahrscheinlichkeitsspiele in diesem imaginierten Welttheater gerne die Form von Erzählungen, von Geschichten als Kern aller Kultur annehmen: als Mythen, Märchen, Aufschneidereien, Komödien, Dramen oder Romane. Stimmt es am Ende doch, daß es die Dichter und deren getreue wissenschaftliche Schildknappen und Büchsenspanner, die Literaturwissenschaftler, sind, die am meisten von der menschlichen Psyche verstehen? Ein solcher evolutionstheoretischer Zugang hilft uns auch, besser zu verstehen, warum die Gehirne höherer Tiere, warum aber vor allem menschliche Gehirne solch phantastische Wahrscheinlichkeitsschätzmechanismen bereitstellen, denen dennoch auch viele – zum Teil durchaus vorhersehbare – Fehleinschätzungen unterlaufen. Gerade für das Erlernen der syntaktischen Regeln einer Sprache aus dem Durcheinander des Gehörten muß ein menschliches Kleinkind ein solches hochentwickeltes Wahrscheinlichkeitsschätzvermögen besitzen.

Vielleicht ist dies ein Weg, die Evolution menschlichen Bewußtseins, menschlichen Denk- und Sprachvermögens, menschlicher Gedankenlesekunst als einen spieltheoretischen Anpassungsprozeß zu verstehen, der wie alle biologischen Anpassungsvorgänge am Ende sehr viel mehr geliefert hat, als von der natürlichen Selektion bestellt war: das unerschöpflich kreative menschliche Gehirn und das, was es hervorzubringen vermag; bewußten menschlichen Geist, eingebettet in bewußte und unbewußte Antriebe, Wünsche, Hoffnungen und Ängste. Damit wüßten wir zwar noch immer nicht, was Bewußtsein ist, aber wir verstünden etwas besser, was es macht und wozu wir es nutzen. Geben wir es zu: Geht es uns denn bei altbekannten physikalischen Erklärungsprinzipien der unbelebten Welt so viel anders? Schwerkraft, elektromagnetische Felder, schwache oder starke Wechselwirkung oder gar Zeit: Wer weiß denn wirklich, was das ist? Wir müssen froh sein, zu verstehen, was sie wie bewirken.

Natürlich kommt auch eine solche Errungenschaft wie Bewußtsein nicht ohne ihren Preis. Wir sind ja nicht nur *Homo imaginativus*, der einfallsreiche

Mensch, der in seinem Weltmodell agiert und es ständig durch Erfahrungen in der Wirklichkeit – selbständig und durch soziales Lernen – zu verbessern sucht, sondern auch *Homo imaginarius*, der wahngeplagte Mensch. Es geht dabei nicht etwa nur um Traumwelten, die kennen wir auch, aber die kennt vielleicht auch unser Hund. Wir können uns – allein oder gemeinschaftlich – auch alle möglichen Welten ausdenken und sie sogar für ganz real halten und fanatisch daran festhalten, sogar bis zur Aufopferung des eigenen Lebens: nicht zuletzt metaphysische Welten, wie Gläubige von Religionen; es reicht, daß wir – allein oder gemeinschaftlich – ganz fest daran glauben. Glauben: Dies ist das für wahr erachtete, gedachte Weltmodell, so wie es sich der Weltanschauung darstellt.

Aber da bleibt noch ein Drittes zu besprechen, das sich aus solcher Beschreibung und Analyse eigentlich wie von selbst ergibt, als sei es ein weiteres unvermeidliches Zusatzprodukt solcher Evolution: Entscheidungsvermögen. Als Verhaltenscharakteristik können wir es weder der sammelnden Honigbiene noch dem jagenden Fuchs, weder dem dominierenden Alpha-Gorilla noch gar einem Menschen absprechen. Hinter solch scheinbarer Selbstverständlichkeit verbirgt sich jedoch nicht nur ein »schröckliches« Ungeheuer, nämlich die Willensfreiheit, sondern es lauern hier auch mehr als zweitausend Jahre abendländische Philosophie, mehr als zweihundert Jahre neurobiologische, kausalanalytische Forschung und sogar eine scharfzüngige Feuilletonphalanx.

Aus der schier unübersehbaren Fülle an wissenschaftlich-literarischen Versuchen, mit dem Problem der Willensfreiheit umzugehen, will ich hier nur auf Gunther Stent, Daniel Wegner, Gerhard Roth, Daniel Dennett und Benjamin Libet verweisen und auch Wolf Singers gewichtige Beiträge dazu nicht außer acht lassen.[6] Ich gestehe, daß mich die evolutionäre Emergenzperspektive von Daniel Dennett besonders anzieht. Ich will hier jedoch nicht nachzeichnen, was andere viel besser dargelegt haben, sondern mich ganz auf die hochaktuelle Diskussion beschränken, in der hervorragende Neurowissenschaftler wie Gerhard Roth oder Wolf Singer genauso wie Benjamin Libet dem Menschen Willensfreiheit rundweg abstreiten zu müssen meinen und zwar, wenn die Contradictio in adjecto erlaubt ist, sogar einigermaßen »widerwillig«, vermeintlich durch unwiderlegliche naturwissenschaftliche Erkenntnisse dazu gezwungen.

Nun bin ich der Letzte, der die Gültigkeit der Naturgesetze im Bereich des Lebendigen – etwa gar unter Bezug auf metaphysisch-vitalistische Sondergesetzlichkeiten des Lebendigen – bestreiten würde. Zwar sind wir über das mechanistisch-deterministische Naturverständnis eines Newton oder Laplace hinaus und akzeptieren nicht nur fundamentale Zufälligkeit, son-

---

6   Gunther S. Stent, *Paradoxes of Free Will*. Philadelphia: American Philosophical Society 2002; Daniel Wegner, *The Illusion of Conscious Will*. Cambridge: MIT Press 2002; Gerhard Roth, *Aus Sicht des Gehirns*. Frankfurt: Suhrkamp 2003; Daniel Dennett, *Freedom Evolves*. London: Penguin 2004; Benjamin Libet: *Mind Time*. Cambridge: Harvard University Press 2004; Wolf Singer, *Ein neues Menschenbild?* Frankfurt: Suhrkamp 2003.

dern auch die prinzipielle Nichtvorhersagbarkeit (sehr wohl jedoch oft Hinterhersagbarkeit) des Verhaltens nichtlinear dynamisch-komplexer Systeme, obwohl auch in ihnen lückenlose Kausalität aller Wirkungen und Entwicklungen gilt: zwar determiniert, aber unvorhersehbar. Wer Entscheidungsfreiheit des Willens ernst nimmt, muß deshalb noch lange nicht die Gültigkeit der Naturgesetze im allgemeinen und des Kausalgesetzes im besonderen auch für tierische und menschliche Gehirne bestreiten. Dessen könnte nur ein epistemologischer Strohmann bezichtigt werden. Freiheit ist Wahlfreiheit, nicht Kausalfreiheit.

Es kann also nicht um die – tatsächlich physisch und metaphysisch – unsinnige Forderung nach *Ursachenlosigkeit* menschlichen Handelns zum Nachweis von Willensfreiheit gehen. (»Unverursacht, also frei«, so Wolf Singer!) Eine solche Killerhypothese soll sich kein wissenschaftlich Gebildeter zu eigen machen (von metaphysischen Interpretationen von Willensfreiheit sei hier grundsätzlich nicht die Rede). Aber selbst wenn wir die uneingeschränkte Gültigkeit des Kausalgesetzes auch für den handlungsentscheidenden Menschen voll anerkennen, bleibt doch reichlich Argumentationsraum für einen Begriff freien Willens, der nicht aus sozialpolitischen oder moralischen Gründen, wie bei Immanuel Kant, dafür Zuflucht zu einem Postulat der praktischen Vernunft nehmen muß, da es ohne Annahme freien Willens einfach nicht möglich wäre, ein moralisch verantwortliches, menschliches Leben zu führen; weil sozusagen also nicht sein kann, was nicht sein darf. Dabei gilt erneut, wie schon für den Begriff Bewußtsein ausgeführt: Der sprachpsychologisch nahegelegten Verdinglichung von Bewußtsein, Geist und freiem Willen als einer Sache oder Substanz braucht keine Realität zu entsprechen; es kann sich geradesogut um einen Prozeß, um eine Leistung – nämlich hochkomplexer Gehirne – handeln, die wir essentialistisch zu einer Sache hypostasieren: man höre – *res cogitans*!

Ich hebe im voraus zwei Gruppen von Argumenten gegen freien Willen hervor, die ich keineswegs bestreiten will. Erstens Benjamin Libets Nachweis, daß bereits vor unserem freien Entschluß zu einer Willkürbewegung im Gehirn neurophysiologische Vorbereitungen getroffen worden sind, ehe wir also einen solchen Beschluß überhaupt bewußt gefaßt haben (sehr wohl aber vorher zu fassen erwogen!). Zweitens die ebenfalls nicht zu bestreitende Fähigkeit unseres Gehirns/Bewußtseins, nachweislich von einem Experimentator von außen, zum Beispiel durch elektrische Reize, gleichsam aufgezwungene Gehirnaktivitäten so zu interpretieren, als entstammten sie unserem eigenen, spontanen Wollen. Dies wird allerdings nur den erstaunen, der sich eine allzu einfache Vorstellung von der abbildungshaften Entstehung der Repräsentationen von Erfahrungen im Gehirn macht.

Es sind ja nicht nur Sinnestäuschungen, die uns darüber belehren, daß das Gehirn/Bewußtsein eine Einrichtung ist, die aus unzureichenden, lückenhaften, oftmals sogar verfälschten sensorischen oder neuralen Inputdaten etwas möglichst Wahrscheinliches, Sinnvolles zu konstruieren vermag, um angemessen darauf reagieren zu können: Irrtümer vorbehalten – wozu und wodurch könnten wir denn sonst lernen?

Ich will nun allerdings nicht weniger nachdrücklich auf zwei ebenfalls unabweisbare Gründe eingehen, die mich veranlassen, an dem geistigen Konstrukt eines freien Willens oder unserer Fähigkeit zu Willensentscheidungen festzuhalten. Erstens ist es für Ego, also einen selbst, phänomenologisch so wenig möglich, den zumindest zeitweisen Besitz von Bewußtsein zu verkennen, zu leugnen oder auch nur zu ignorieren, wie dies für die Befähigung zu insoweit freien, das heißt mit der Gewißheit von Freiheit verbundenen Willensentscheidungen gelingt – nicht absolut, aber in Freiheit gewährenden Grenzen. Willensfreiheit ist eine primäre Erfahrungstatsache, unfreier Determinismus eine Theorie über die Wirklichkeit. Seit wann können Theorien Tatsachen widerlegen, die sie doch eigentlich erst erklären sollen?

Ein manchmal gehörter Einwand, dann müsse man ja auch an die Bewegung der Sonne um die Erde glauben, weil man doch unbestreitbar die Sonne jeden Morgen aufgehen sehen könne, ist hier unzutreffend. Gesehen wird – und dies ist wieder primäre, indisputable Erfahrung – die Tatsache der Relativbewegung zwischen Erde und Sonne. Deren ptolemäische oder kopernikanische Erklärung ist ein theoretisches – prüfbares – Konstrukt aus solcher Erfahrung. Habe ich Kopernikus verstanden, dann hält meine Erfahrung keineswegs unbeirrbar an Ptolemäus fest, nur an der Gewißheit der Relativbewegung. Habe ich aber Gerhard Roth oder Wolf Singer noch so oft gehört oder gelesen, dann habe ich immer noch die subjektive Primärerfahrungsgewißheit, daß ich mich entscheiden kann, ihren Argumenten zu folgen oder nicht. Was immer die physikalisch vorgeblich erzwungene Widerlegung von Willensfreiheit vorzubringen hat, es ändert nicht ein Jota daran, daß wir in dem Bewußtsein befangen bleiben, ja daß wir darauf angewiesen sind und nur so leben können, tagtäglich ununterbrochen Entscheidungen treffen zu können und treffen zu müssen.

Ehe also Neurophysiologen, Psychologen, Physiker, Metaphysiker, Pataphysiker oder Neurophilosophen uns hochwissenschaftlich begründet Willensfreiheit zuteilen oder aberkennen wollen, haben wir sie doch schon längst in Besitz und handeln in ihrer Gewißheit, ohne dafür eine amtsärztliche Genehmigung zu brauchen. Vielleicht ist die introspektive Selbsterfahrung von Willens- und Entscheidungsfreiheit sogar eine zwangsläufige Folge von Bewußtseinsvermögen im vollen, menschlichen Sinne! Dies ist mein erstes Argument (kein ganz neues, wie ich gerne hinzufüge): das der *subjektiven Primärevidenz von Entscheidungsfreiheit.* Wie das Nervensystem es zustande bringt, daß wir in diesem sicheren Bewußtsein leben, ist freilich eine andere Frage, die ich gerne Frank Rösler zu beantworten überlasse, der dazu interessante Gedanken geäußert hat.[7] Wozu wir über diese Bewußtseinseigenschaft »Entscheidungsfähigkeit« verfügen, dies ergibt sich sozusagen fast zwingend aus den evolutionsspieltheoretischen Überlegungen, die ich vorher zum Bewußtsein herangezogen habe. Hart gesagt: Das wäre doch ein Scheißspiel, bei dem man selber keinen Zug machen dürfte!

---

[7]   Vgl. Frank Rösler, *Einige Gedanken zum Problem der »Entscheidungsfindung« in Nervensystemen.* In: *Debatte*, Nr. 1, Berlin-Brandenburgische Akademie der Wissenschaften 2004.

Nun zum zweiten Argument für menschliche Entscheidungsfreiheit, das ich als das *Argument des ganzen Ich* bezeichnen möchte. Stellen Sie sich einmal vor, es würde einer sagen, er gehe jetzt mit seinem Kumpel, in dem er wohne, nämlich seinem Gehirn, ein Bierchen zischen, weil der arme Kerl doch selbst keines bestellen könne und unbedingt eine Blutverdünnung brauche: Ego – der Geist – kaufe seinem Vermieter – dem Körper – ein Bier! Das Ich ist aber kein parasitischer Mitesser oder Mitwisser des Es, sondern eigentlich dessen Besitzer, genauer: Es selbst! Eine Persönlichkeitsspaltung zwischen beiden sollte uns doch sehr befremden. Bei manchen Autoren, die über Willensfreiheit beziehungsweise über deren Nichtvorhandensein schreiben, scheint solche Persönlichkeitsspaltung jedoch gang und gäbe. Sie wollen uns nämlich glauben machen, ein Mensch sei für seine Handlungen nicht verantwortlich, weil er nämlich dafür selbst gar nicht zuständig sei; das mache alles ein unbewußtes Gehirn für ihn.

Wolf Singer hat solche Behauptungen kürzlich auf folgende verstörende Sätze gebracht: »Keiner kann anders als er ist« und »Eine Person tat, was sie tat, weil sie nicht anders konnte – denn sonst hätte sie anders gehandelt«; eine erstaunlich zirkuläre Beweisführung und darüber hinaus die Kapitulation jeder – auch der selbst bewirkten – Bildungs- und Erziehungsfähigkeit des Menschen. Selbst wenn ich einem anderen den Schädel einschlage, war ich es also gar nicht, das war doch mein Kumpel, das Gehirn, und sein Körper, der tumbe Klotz, bei dem ich lediglich als geistiger Untermieter hause, der mich sozusagen post factum von seinen Taten unterrichtet.

Wenn ich das aber nicht war: wer denn dann sonst? Was soll dies für ein seltsamer Leib-Seele/Körper-Geist-Dualismus sein, der dem Teil, der bewußt denken kann, die Handlungskompetenz abspricht, während er dem bewußtlosen Körper volle Prokura erteilt? Ich bin doch nur *ein* Individuum, *ein* ganzer Mensch, selbst wenn Biologen und Psychologen auf getrennten Wegen an mir herumforschen. Wer könnte denn behaupten, daß ich für Handlungen, an deren Vorbereitung und Ausführung mein Unbewußtes mitwirkt, keine Verantwortung trage? Uns ist doch sehr genau bekannt, daß es vermutlich keine Handlung und vielleicht nicht einmal einen Gedanken, geschweige denn ein Gefühl oder eine Willensregung gibt, in die nicht auch unbewußte, akute und erinnerte, sensorische, zentralneurale, rekursive, efferenzkopierte oder reafferente Impulse eingehen, die erst zusammen mit dem, was davon in meinem Bewußtsein angelangt, das *ganze Handeln, Wollen, Fühlen des ganzen Menschen* ausmachen.

Wenn einer bewußtlos schläft, heißt das etwa, daß dann niemand bei ihm zu Hause ist? Daß Er am Ende gar nicht schläft, sondern Es, sein Leibesgehäuse ohne dessen Ich, das im Traum davonspaziert ist? Das Ich ist immer der ganze Mensch, Leib und Seele, Unbewußtes und Bewußtsein, selbst wenn nur das von seinem gesamten senso-neuro-motorischen Leben in sein Bewußtsein dringt, was in der Entwicklung unseres Monstergehirns für nötig gehalten wurde, um ihm in den Evolutionsspielen der Wechselwirkung mit anderen Spielern Fitnesschancen, Erfolg, Befriedigung, Lust zu ermöglichen – was immer es ist, wozu das Ich mit seinem Handeln strebt. Die Ursachen seines Verhaltens mögen in den Gründen seines Handelns weder vollständig aufgehen noch eins zu eins abbildbar sein, aber sie sind beide zusammen die Antriebe der Daseinsverwirklichung und Lebensbewältigung.

Thomas Metzinger mag schon recht haben: *Being No One* – da ist kein bewußtes Ich, das sich vom restlichen Organismus abtrennen ließe; aber das bringt doch nicht gleich das ganze In-Dividuum, das unzerteilbare Ich, zum Verschwinden! Daß das selbstbewußte Ich sich allerdings niemals ganz selbst durchschauen kann, ist ebenso einsichtig, denn es kann keine Repräsentation des Ich geben, die auch die Repräsentation dieser Repräsentation und weiter ad infinitum enthielte: *individuum est ineffabile*. Daraus entspringt des Menschen Freiheit!

Was schließlich die moralische Verantwortung für unser Handeln angeht: Das neurobiologische »Ohne-Ich« wird schnell zum moralisch-verantwortungslosen »Ohne-Mich«, wenn nur noch das Es, der unbewußte Körper-Tölpel, die Regie führt. Dies hätte in der Tat dramatische Folgen. Des Menschen Willensfreiheit, nämlich seine Entscheidungsfreiheit in eigener Verantwortung zu bestreiten, nähme ihm gleichzeitig alles, was seine Menschenwürde ausmachen kann. So wie ich das Bewußtsein nur verlieren kann, wenn ich vorher eines hatte, so kann ein Mensch im Vollrausch nur deshalb nicht mehr frei entscheiden, weil er nüchtern von solcher Entscheidungsfreiheit Gebrauch machen kann. Wer Täter damit exkulpieren wollte – nicht nur Untäter, sondern genauso Wohltäter, kreative Erfinder, Schöpfer ihrer Werke –, daß sie ja alle nichts dafür können, würde damit nicht etwa bemitleidenswerte Straffällige vor unfairer Verantwortlichkeit und Verurteilung schützen: Er behandelte sie nicht anders als einen beißwütigen Hund, als jede beliebige Kreatur, die für ihr Verhalten nicht verantwortlich gemacht werden kann. Menschenwürde bedeutet immer Entscheidungsfreiheit und damit Zurechnungsfähigkeit von Handlungen.

Andersherum: Wer Mensch ist und im Bewußtsein der Strafwürdigkeit seiner Tat dennoch Böses tut, trägt dafür die Verantwortung und muß auch die Folgen, zum Beispiel soziale Strafen, übernehmen – weil er auch als Straftäter eben ein Mensch ist und kein Zombie, kein Roboter, keine tollwütige Bestie und auch keine rein physikalische Monsterwelle. Verantwortlich ist für sein Handeln, wer imstande ist, Gründe und Folgen von Alternativen abzuwägen, nicht etwa nur, wer ursachenlos handeln könnte – was wäre dies für eine Unsinnsforderung, was für eine Karikatur von Willensfreiheit. Bewußtsein erlaubt eben dies: zwar nicht alle Gründe und alle Folgen abzuwägen, aber doch im Rahmen des Menschenmöglichen abzuwägen – und dann die Entscheidung des ganzen Ich für das Gewollte zu treffen. Erst diese Freiheitszuschreibung respektiert auch die Menschenwürde des Verbrechers. Zu exkulpieren wäre dann von den Folgen seiner Taten nur, wer durch schwere neurale und geistige Störungen, also etwa Psychosen, Demenz, Wahnvorstellungen usw. als unfähig beurteilt wird, die Strafwürdigkeit, das moralisch und rechtlich Verwerfliche und Verbotene seines Handelns zu begreifen; wer solchem Wissen deshalb also keinen Einfluß auf die Ursachen seines Handelns geben kann.

Es sind vor allem drei Vorstellungen, die vielen Menschen helfen, ihrem Leben tieferen Sinn zu geben: der Glaube an die Existenz eines persönlichen, belohnenden und bestrafenden Gottes; der Glaube an die Unsterblichkeit der Seele; der Glaube an die Willensfreiheit des Menschen in sittlicher Autonomie. Immanuel Kant, durch David Hume unsanft aus dogmatischem Schlummer erweckt, hat uns diese drei Schlaftabletten als Postulate praktischer Vernunft wiederverordnet. Die ersten beiden Glaubensvorstellungen sind wissenschaftlicher Überprüfung nicht zugänglich.

Was die Willensfreiheit betrifft, kann sich Wissen von Glauben emanzipieren, da nicht Glaubenslehren, sondern primäre Selbsterfahrung deren Grundlage ist – und als eine einzigartige Leistung unseres Gehirns auch wissenschaftlicher Befassung zugänglich. Das Problem der Willensfreiheit – einer Aporie, mit der wir wie mit dem Begriff des Unendlichen leben müssen – ist keineswegs gelöst. Wer sich nur ein wenig über das orientiert, was seit mehr als zweitausend Jahren über Willensfreiheit gedacht und geschrieben worden ist, weiß, daß es schwer ist, Neues darüber zu denken oder zu sagen. Manchmal hat man allerdings den Eindruck, daß dabei des Kaisers neueste Kleider doch des Kaisers ganz alte Kleider sind.

BURKHARD MÜLLER

Haldanes Gott

Mit dem Biologen John Burdon Sanderson Haldane hätte man die klassische Filmrolle des pfeiferauchenden, golfspielenden, exzentrischen britischen Gentleman nicht besetzen können: Er hätte als eine unglaubwürdige Karikatur gewirkt. Groß war er, schnauzbärtig, kahlköpfig aber schmalschädlig, und die extreme Asymmetrie der buschigen Augenbrauen – die eine hochgezogen, flach segelnd die andere – schien die Ansicht, daß die Dinge stets ihre zwei Seiten haben, in die Ironie des Gesichtsausdrucks zu übersetzen. Das ist ungünstig, wenn man das Renommé eines ganz Großen in der Wissenschaft anstrebt; denn die gedächtnisschwache Nachwelt will sich nur Namen merken, die mit dem Faktum des *einen* Durchbruchs verbunden sind.

Was dagegen Haldane in seinem ungeheuer reichen Lebenswerk, das 430 Artikel und 23 Bücher umfaßt, getan und geleistet hat, läßt sich schwer zur einprägsamen Zeile verdichten: 1892 geboren, veröffentlicht er mit sechzehn Jahren, zusammen mit seinem Vater, die erste wissenschaftliche Publikation. Er bringt die Evolutionstheorie Darwins mit der Mendelschen Genetik zusammen und legt damit das Fundament für das, was heute die Synthetische Theorie heißt; er untersucht den Zusammenhang von Hämophilie und

Farbenblindheit, von rußgeschwärzter Birkenrinde und der Ausbreitung der verdunkelten Form des Birkenspanners; er führt, gemäß seiner Überzeugung, daß in jeder schwierigen Frage eine Unze Algebra mehr wert sei als eine Tonne Wortschwall, in die Biologie die Statistik ein. Falls das Universum heute zusammenbräche, rechnet er aus, so läge die Wahrscheinlichkeit, daß sich ein neues bildet, bei 10 hoch 10 hoch 100. Er setzt sich für eine halbe Stunde in ein Gemisch aus Wasser und Eis, um zu erkunden, wie sein Körper auf ein mit 6,5 Prozent Kohlendioxid angereichertes, unter 10 Atmosphären Überdruck stehendes Luftgemisch reagieren würde. Bei solchen und ähnlichen Experimenten zieht er sich eine Heliumblase im Rückenmark zu, die ihm den Rest seines Lebens Probleme bereitet. Er tritt der Kommunistischen Partei bei und nimmt am Spanischen Bürgerkrieg teil, um den republikanischen Truppen zu zeigen, wie man sich gegen die Giftgasangriffe der Faschisten schützt. Nach 1945 verläßt er die Partei aus Protest gegen Stalins Wissenschaftspolitik. Zweimal ist er verheiratet. Seine erste Frau läßt sich seinetwegen scheiden, was zu seiner Amtsenthebung in Cambridge führt; das für solche Disziplinarfragen zuständige Sechsmänner-Kollegium, die altehrwürdig lateinisch benannten »Sex Viri«, verspottet er als »Sex Weary«, die Sexmüden, und erzwingt gerichtlich seine Rehabilitierung. Mit seiner zweiten Frau, einer Studentin, wandert er 1956 aus, um gegen den Suezkrieg und den englischen Imperialismus zu protestieren, und nimmt die indische Staatsbürgerschaft an. Dort wird er Vegetarier, verabschiedet sich von den Tierversuchen und stirbt 1964 in Bubaneshwar, der durch ihre Tempel berühmten Hauptstadt Orissas.

Im Gegensatz zu seinem Vater, einem bedeutenden Physiologen, war Haldane Atheist, maß dem aber offenbar keine besondere Bedeutung bei. Einmal wurde er bei einer öffentlichen Diskussion gefragt, was man denn aus der Schöpfung über die Natur des Schöpfers schließen könne. Haldane dachte kurz nach und antwortete dann: »An inordinate fondness for beetles«, eine außergewöhnliche Vorliebe für Käfer.

*

Und tatsächlich verhält es sich ja so, daß von den circa 1,5 Millionen überhaupt beschriebenen Spezies auf der Erde rund eine Million Insekten sind und von diesen wiederum 300000 Coleoptera: die Ordnung der Käfer. Betrachten wir einen einzelnen davon, willkürlich aus den Farbtafeln des *Kosmos Insektenführers* herausgepflückt, der sich mit der europäischen Fauna befaßt und darum die prächtigsten Exemplare der Ordnung nicht verzeichnen kann, die überfaustgroßen, steinschweren, wie emaillierten Giganten der tropischen Regenwälder. Es handelt sich um Carabus splendens, eine Laufkäferart, die Nummer 6. (Der Leser muß sich die fehlende Dimension der Farbe durch die eigene Phantasie ergänzen, wie bei einem alten Film von einem sonnigen Garten; es herrscht Grün vor).

Mit der Gattung Carabus hat dieses für den interessierten Laien geschaffene Handbuch die meiste Geduld, denn hinter ihr sind die Sammler her, weil sie so stattlich und wie geschmiedet erscheint und weil die Lupe, die sich in

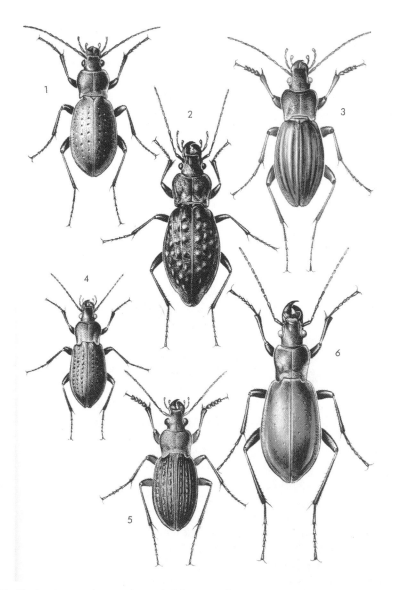

die Skulptierung der Rückenschilde vertieft, sich so reich mit unterscheiden-
den Strukturen beschenkt findet wie bei einem Stahlstich. Ich stelle mir vor,
daß die Insektenforscher, die sich auf Käfer und besonders auf Carabus spe-
zialisieren, ihr genaues Gegenstück an den Briefmarkensammlern haben,
deren Traumziel Deutsches Reich komplett ist. Sechzehn Spezies listet das
Handbuch auf, mit Abbildung, darunter Carabus auratus, den Goldlauf-
käfer, Carabus silvestris, den Bergwald-Laufkäfer, Carabus granulatus, den
Körner-Laufkäfer; der Vorrat lateinischer Adjektive wird bis zum Bodensatz
geplündert. Es überraschen Carabus variolosus, der Gruben-Laufkäfer, obwohl es sich ausweislich seines wissenschaftlichen Namens doch um einen

solchen handelt, der ein bißchen bunt oder ein bißchen verschieden ist (wovon, fragt man sich), und Carabus cancellatus, eigentlich ein mit Gitterwerk
versehener, der aber verdeutscht als Körnerwarze erscheint. Sollte hier wirklich der Volksmund etwas beigetragen haben, der doch sonst, was die Benennung von Insekten angeht, notorisch maulfaul war? »Er ist einigen weiteren
Arten zum Verwechseln ähnlich«, die dann auch gar nicht mehr genannt
werden.

Die Gattung Carabus enthält 2000 Spezies, 2000 wissenschaftlich be-
schriebene wohlgemerkt, die alle zum Gattungsnamen ihr je besonderes
Attribut tragen. Garten-, Hain- und Grubenlaufkäfer können da bloß ein
Anfang gewesen sein – bescheiden, aber leicht getan –, getauft, so denke ich
es mir, von den Studenten des großen Nomenklators Linné, als sie sich zur
Kaffeepause in ein Wäldchen oder eine Sandgrube hinter der Uni begaben
und gleich darauf mit vier oder fünf verschiedenen Arten zurückgekommen
sind, namenlos wie neugeborene Kinder. Diese ersten fragten sie noch:
Heißest du etwa Hinz? Heißest du etwa Kunz?, ehe sie bei Schnürbein und
Hammelwade anlangten; und angesichts der verzweifelten Namensnot der
Wissenschaft, der alles erlaubt ist, sollte es mich nicht wundern, wenn es
auch einen Carabus rumpelstilciensis gäbe. Bei Carabus splendens jedenfalls,
wörtlich glänzender Laufkäfer, ist die Erschöpfung schon so weit gediehen,
daß er einen deutschen Namen gar nicht mehr erhalten hat: Dieser Carabus
erglänzt nurmehr lateinisch.

Sein Vorkommen erstreckt sich über die Gebirgsregionen Frankreichs und
Spaniens. Mit 25 bis 36 Millimeter Länge gehört er zu den größeren Vertre-
tern seiner Gattung (obwohl er an die bis 42 Millimeter des Lederlaufkäfers,
Carabus coriaceus, natürlich nicht heranreicht). 36 Millimeter will dem Lai-
en nicht viel vorkommen, weil er die Zahl nur absolut liest und nicht ahnt,
wie viele verschiedene Maßstäbe für Größe er simultan mit sich herumträgt;
doch erstaunt er oder entsetzt er sich jedesmal, wenn ihm ein Insekt von diesem Format über den Weg krabbelt. Wenig weiß der Begleittext dazu zu
sagen: »Zweifellos einer der schönsten großen Laufkäfer.« Zweifellos. Doch
was bereitet dem Auge solches Vergnügen an ihm?

Klar, wie bei allen Käfern, liegt sein Bauplan zutage; daß ein so schlichtes
Muster so außerordentlich vielfältig hat abgewandelt werden können, bildet
den Fond von Haldanes so spitzer wie tiefsinniger Bemerkung. Drei Ab-
schnitte weist der durch sein Exoskelett dosenartig abgeschlossene und kom-
pakte Rumpf auf: Kopf, Brust und Hinterleib, die nach gewissen proportio-
nalen Gesetzen aneinander schließen. Da man jedes Tier, wie auch jedes Gebäude (nicht jedoch Pflanzen), ohne es zu wollen oder auch nur zu bemerken,
in Analogie zur menschlichen Gestalt betrachtet, so bietet dieser Körper
nichts, was Mißfallen oder Angst erregt; es liegt etwas übersolid Herrenhaf-
tes in diesen fest konturierten Abmessungen, ohne jedoch das Groteske oder
Komische zu streifen.

Der Körper ist wie Metall; aber eines, das wir nicht kennen, ein grünes,
überirdisches, wie Supermans Kryptonit. Außerordentlich fein ist es verar-
beitet, trotz seines Glanzes nicht gänzlich glatt, sondern wie mit dem win-

zigsten Hämmerlein auf dem Weg des Augenmaßes in seine vollkommene Form und zum herrlich goldmatten Widerschein des Lichts gebracht: von handwerklicher, nicht industrieller Perfektion. Und wie als deren Siegel tragen die Flügeldeckschilde des Hinterleibs, die massiv und doch elegant gewölbten Elytren, punkthafte Vertiefungen, sorgsamste Einzelheit dieses sorgsamen Gebildes. Ja man kann dieses Wesen gar nicht ins Auge fassen, ohne es als dies, als Gebilde, anzuschauen, etwas, in dem der Prozeß des Wachstums (durch den doch auch dieser Käfer zustande gekommen ist) seine Kostbarkeit durch den Anschein des Stück für Stück Absichtlichen beglaubigt. Von größter Bedeutung für das Auge sind dabei die Nähte dieser Rüstung: Nicht Verstärkung drücken sie aus, indem darin die Platten sich zu verschweißten Graten übereinander schöben; sondern Fugen sind es, ausgekleidet mit knitterbaren Häutlein, die zarten Gelenke des Insekts. In ihnen nistet, sonst kaum sichtbar, die liebliche Schwäche alles dessen, was lebt.

*

Was wir in diesem Bild genießen, ist das Naturschöne in einem ganz bestimmten Übergang. Es steht zwischen dem Lebendigen und dem Toten. Daß der Käfer lebt oder gelebt hat (denn ein Exemplar wie dieses hier bekommt jemand, der nicht mit der Botanisiertrommel durch die Pyrenäen turnt, ganz bestimmt nur tot zu Gesicht, oder noch nicht einmal tot, sondern als Bild des Toten), trägt zum ästhetischen Erlebnis anscheinend nur am Rande bei; an lebenden Exemplaren tritt für unsere Wahrnehmung bloß ein eher mühsames Krabbeln hinzu, gelegentlich ein Flug, der immer staunen läßt, wie ein solcher Brocken überhaupt in der Luft bleiben kann. Aber den Käfer als Tier, das täglich seinen Lebensunterhalt sucht, sich fortpflanzt und seine Ängste und Erfüllungen hat, sehen wir nicht wirklich und haben wir auch nicht wirklich Lust zu sehen; uns reicht völlig der gespießte Leichnam, lieber noch die Zeichnung, die durch ihre geduldige Vorzüglichkeit dem Gegenstand die angemessene Reverenz erweist. Dennoch geht in den Genuß der Schönheit das Wissen von der Notwendigkeit dieser so und nicht anders umrissenen und pigmentierten Gestalt ein. Was lebt, hat sich seinem Lebenszweck entsprechend ausgeprägt, diese Garantie empfängt man; und sie verleiht selbst den abenteuerlichsten Variationen zum Thema Käfer, dem dreifach körperlangen Fühler, dem monströsen Nasenhorn und den unwahrscheinlichsten Skandalfarben, eine heraldische Würde, die bei diesen Bildungen, wären sie von einem Designer hervorgebracht, das Mißtrauen vor dem bloß Skurrilen mobilisieren müßte.

Wir bewundern an diesen und anderen Käfern (denn sie werden nie allein gezeigt, sondern immer im Rahmen einer möglichst reichhaltigen Sammlung) die Bestimmtheit in der Vielfalt. Selbst die eigenwilligsten und größten Käfer flößen kaum Ekel ein, was bei den ansonsten durchaus ähnlichen Wanzen und Kakerlaken doch ohne weiteres geschehen kann. Die Mitglieder dieser beiden anderen Ordnungen nämlich durchlaufen nur eine unvollständige Metamorphose, immerzu häuten sie sich und gehen noch größer aus dieser Häutung hervor, als gäbe es, wie bei den Kristallen, für sie keine Ober-

grenze des Wachstums, als wäre hier alles möglich. Mit Abscheu sieht man
in den Terrarien (oder den Kästen, in denen die Zoos ihre Futtertiere züch-
ten) kleine und ganz kleine Schaben über die schildkrötgroßen erwachsenen
klettern, wie ein bis zum Erbrechen sinnlos wiederholtes Motiv. Dem Käfer
vergibt man die Made, aus der er hervorgeht, weil sie ihm in ihrer ekligen
Weichheit so gar nicht gleicht. Er schlüpft und ist fertig, wie etwas, das gemacht worden ist. Auf seine Gestalt hat die Umwelt (wo sie ihn nicht geradezu vernichtet) keinen Einfluß mehr, auch die Ermüdung nicht, die es doch
ist, die Landschaften formt, indem immerzu die Brandung die Klippen höhlt
und sie zu Sand zerreibt, und je sanfter sich schließlich die Hügel schwingen,
desto mehr hat sie ganze Arbeit getan. Nichts gibt es hier, das, wie im Gesicht der Menschen, von Alter gezeichnet werden und erschlaffen könnte.
Von all dem weiß die Schönheit der Käfer nichts, die starr und ohne Ermat-
tung in jedem Detail verweilt, in der Keulung der Fühler, dem Lack und
Glasfluß aller Oberflächen. Aufs präziseste ist es von innen hervorgetrieben,
so sehr es den Schein erweckt, von außen verfertigt zu sein: nicht Ergebnis
von Kräften, sondern Manifestation einer einzigen Kraft.

*

So ziemlich jeder, den diese Schönheit ergreift und der sich zu ihr äußert,
kommt bei derselben Metapher heraus: dem Juwel. Käfern hat man gern
Schmuckstücke nachgeformt, und manchmal einfach sie selbst genommen
und gefaßt: Sie schienen, wie sie waren, Schmuck genug. Das Juwel gehört
nun zweifellos in den Bereich des Kunstschönen, also des nicht Gewach-
senen, sondern Gemachten und Gewollten. Vom Kunstschönen wußte das
18. Jahrhundert viel zu sagen; es erblickte darin vor allem eine Zone der Hei-
kelkeit, wo es leicht war, sich durch Ungeschmack zu blamieren. Demgegenüber präsentiert sich das Naturschöne als unverfänglich, da es einsehbar
nicht anders sein kann, als es ist; es erübrigt sich, zur allgemeinen Erleichte-
rung, hierüber ein Urteil zu fällen. Bewundern reicht, und bewundern kann
jeder. Nicht zuletzt darum wirkt der Anblick der Natur so entspannend. Alles Menschengemachte schwebt daneben in der Gefahr des Mißlingens. Der
Sonnenuntergang ist nicht kitschig, wohl aber die Postkarte davon, obwohl
sie doch scheinbar nichts anderes getan hat, als ihn in aller Unschuld festzuhalten. Und Funktionalität ist kein wirksamer Abwehrzauber. Die Chemnit-
zer Villa Esche zeigt ein von Henry van de Velde persönlich entworfenes Pfei-
fenfutteral: schnittig, und kein Gramm Fett daran, und doch ist das ganze
Ding von Grund auf lächerlich. Wahrscheinlich gibt es sogar kitschige
Hämmer. Schmuck indessen ist vor dem Geschmacksrichtertum wenigstens
ein Stück weit sicher. Das hat zwei Gründe – oder genauer gesagt, Vorder-
und Rückseite eines einzigen.

Schmuck, bestimmt als etwas, das getragen werden soll, bezieht sich auf
die Konstante des menschlichen Körpers. (Das bestätigt auch die Etymologie des Wortes, das sich von »schmiegen« herleitet.) Den Ringen und Fuß-
kettchen, Colliers und Ohrgehängen, sogar den Kronen und Lippenpflöcken
ist eine gewisse Größenordnung vorgegeben, über die sie nicht hinausgelan-

gen können, nicht einmal um den Preis der schamlosen Übertreibung: ihre relative Kleinheit nämlich. Darauf reagieren Material und Verarbeitung. Das Material wird stets relativ kostbar, die Verarbeitung relativ sorgfältig sein. Sie wirken wie zwei Faktoren, die die unabänderliche Winzigkeit der Dimensionen *nach innen* multiplizieren. Das Juwel zeigt, daß so etwas geht, daß die physischen Schranken von Leib und Welt zwar bestehen bleiben, aber der Intensivierung keine Hindernisse in den Weg legen; daß der vorgegebene Raum aus sich dennoch das Unerwartete entlassen kann. Durch hohen Druck entsteht aus einem Stück Kohle ein Diamant. Diesen Diamanten gilt es zu schürfen, zu schneiden, zu schleifen, bis er in hundert Facetten strahlt und den schönsten Hals, der sich finden läßt, noch erhöht. Nur dieser Weg führt über die Welt hinaus, »sic itur ad astra – so geht's zu den Sternen«; und nicht umsonst heißen die schönsten Exemplare dieser Gattung »Stern«.

Dies erwartet man von Juwelen. Es ist viel, und wenn sie es leisten, darf man weitere Forderungen an sie eher niedrig halten. Stimmen müssen bloß das Maß (das versteht sich aber von selbst), der Wert des verwendeten Stoffs, die Feinheit des Handwerks. Wenn es damit seine Richtigkeit hat, wird man dem Goldschmied gern Freiheit bei allem anderen lassen. Man wird mit ihm nachsichtiger verfahren als mit dem Maler, dem Architekten und selbst dem Schneider. Fast allem, was er liefert, wird man das Attribut des Schönen gönnen. (So ist der Jugendstil der Stil der Juweliere gewesen; alles, was er anfaßt, gelingt ihm nach Maßgabe der Nähe oder Ferne zum Körperschmuck – das heißt unter den Möbeln eher die kleinen als die großen, mehr die Lampen als die Aktenschränke, mehr die Pfeifen als die Pfeifenetuis; und am allerwenigsten die Gebäude.)

Von dieser juwelenhaften Schönheit des Kleinen, schrankenlos Vielfältigen und Kostbaren also sind auch die Gestalten der Käfer. Die Erde, wie der menschliche Körper, bleibt ewig dieselbe, ewig gleich klein – ihr Durchmesser von Pol zu Pol beträgt nicht mehr als 12 000 Kilometer, ihr Umfang gerade 40 000 Kilometer, von den heutigen Kommunikationsmitteln in Sekundenbruchteilen zu überbrücken, ein Zustand, der kosmische Klaustrophobie herbeiführen kann. Und wer die Erde, dieses hinreißend himmelblaue Baby, auf den Bildern der Mondfahrer durchs Weltall taumeln sieht, der erkennt noch nicht einmal ihre geizigste Beschränkung: wie dünn die bewohnte Zone ist. Sie reicht auf dem Land im Schnitt der Wälder und Städte etwas über einen Meter in die Tiefe, in den Horizont der Keller und Wurzelgeflechte, und rund zwanzig Meter in die Höhe; in der Steppe ist es entsprechend weniger, zwei Meter vielleicht – so hoch wächst maximal das Gras und springt ein Löwe. Darunter und darüber dünnen die Zeichen des Lebendigen rasch aus, es beginnt der Zuständigkeitsbereich der Geologen und Astronomen. Wir sind den Käfern dankbar, daß sie in dieses erstickend enge eigentliche Universum (denn was geht uns der Sirius an?) die Qualität des Intensiven bringen.

Ich liebe auch die Namen, die diese Käfer tragen. In ihnen geht das Unvorhergesehene mit dem So-und-nicht-anders Hand in Hand. Ungeheure Namensmassen verlangt und verschlingt die Käferschaft im Zug ihrer wissenschaftlichen Erfassung, und mit ihren vielen X und Y klicken und klirren sie wie ein harter, teurer Werkstoff im Zugriff der Pinzette.

Es gibt von Rilke ein Gedicht *Der Käferstein*:

> Sind nicht Sterne fast in deiner Nähe,
> und was giebt es, das du nicht umspannst,
> da du dieser harten Skarabäe
> Karneolkern gar nicht fassen kannst,
>
> ohne jenen Raum, der ihre Schilder
> niederhält, auf deinem ganzen Blut
> mitzutragen; niemals war er milder,
> näher, hingegebener. Er ruht
>
> seit Jahrtausenden auf diesen Käfern,
> wo ihn keiner braucht und unterbricht;
> und die Käfer schließen sich und schläfern
> unter seinem wiegenden Gewicht.

Ich mißtraue Rilke ja sehr: der widerstandsfreien Art, wie es ihm gelingt, alles in Verse zu gießen und seine komplexe Syntax über die Versenden hinüberzuziehen, ohne daß sie an den Ecken je reißt; seiner unbegrenzt plastischen Impressionabilität, die beharrt, daß die Welt (obwohl sie doch schon da ist) erst »geleistet« werden müßte, wie ein harter Stuhlgang. (Auch diesem Gedicht hätte ich gern sein »mitzutragendes« Blut zur Ader gelassen.) Aber wie er hier diese drei Dinge: Juwel, Käfer und Raum, aufeinander bezieht, drückt er in seiner tastenden, suggestiven Art etwas aus, was sich anders schwer fassen ließe. Insbesondere sind ihm zwei Reime gelungen, die man diesem promisken Reimvirtuosen hoch anrechnen muß: wie die Nähe (der Sterne) hier in Kontakt zur Skarabäe gerät, und wie den Käfern das schwere Schläfern antwortet, dazu mit dem Nachsatz des Gewichts belastet: Das enthält, was ich meine.

*

Zurück zu Haldane und seinem Gott. Für diesen Gott ist es ohne Belang, daß er nebenbei auch noch das ganze Weltall geschaffen hat: Denn es ist leer; und wo nicht leer, da primitivst strukturiert. Die Sterne, sagt Stanisław Lem, seien nur darum interessant, weil es sonst nichts gibt; sie bleiben, füge ich hinzu, langweilig selbst dann. Haldanes Gott ist bemerkenswert für die eine Ausnahme seines öde monströsen Schöpfungswerks, und das stellt die belebte Erde dar. Sie geriet ihm arg klein. Warum, läßt sich nicht leicht einsehen; seiner Allmacht stellt es jedenfalls kein günstiges Zeugnis aus. Das Übel der Unterdimensionierung hat er allerdings dadurch teilweise ausgeglichen, daß er die lebendige Welt sozusagen einfaltete, nach innen vervielfachte wie eine À-jour-Stickerin eine Tischdecke. Daß von allen Arten der Lebewesen ein Fünftel Käfer sind (und ein weiteres Siebtel Schmetterlinge), halte ich für eine bedeutsame Zahl. Dieser Gott wurde über seinen Versäumnissen zum Ästheten.

Nicht daß ich an diesen Gott tatsächlich glaubte. Aber wenn ich ihn hier als Hilfskonstruktion setze, dann deswegen, weil sich die Welt des Belebten (der ich ja rettungslos angehöre) so einmal *von außen* betrachten läßt. Denn wenn man den ästhetischen Charakter der Welt betont, stellt sich sofort die Frage: Wem? Das heißt: Wer schaut hin? Ich habe früher einmal die Antwort versucht: Sich selbst seien die Tiere schön, ihre Schönheit wende sich in sie zurück und gehe in ihr Glück ein; und nur das individuelle Glück, selbst des kleinsten Tiers (von den Pflanzen weiß ich nichts), könne der Zweck der Welt sein, von der sonst nichts bliebe als die Spur eines unbegreiflich boshaften Irrsinns. Das Buch, in dem es darum ging, trug deshalb den Titel *Das Glück der Tiere*. Ich gebe diesen Gedanken auch nicht preis. Doch verkenne ich nicht seinen hochspekulativen Charakter, und ich halte die Frage nicht für überflüssig: Wenn ein Käfer keine Freude haben sollte an seinem goldenen Panzerröckchen – was ist die Welt dann? Dann wäre sie eben doch besagter Irrsinn; und da ein Irrsinn als solcher nicht existiert, muß ich ihn einem Irrsinnigen zuordnen. So soll vorerst Haldanes Gott stehenbleiben: als ob.

Dieser Gott also will es schön haben, wenn er es schon eng haben muß. Schönheit in diesem Sinn bedeutet: Formenmaximierung. Und hier regt sich in mir der Verdacht, daß die Zeit, die echte, harte Zeit, die den Tod als ihr Siegel trägt, eine Nachschöpfung war; daß sie als Notbehelf diente, die Mangelhaftigkeit des bereits fertig geschaffenen Raums in etwa auszugleichen. Die Erde wie sie ist bietet 300 000 beschriebenen Käferarten Raum, und wer weiß wie vielen, die noch kein Mensch kennt. Aber je größer die Lebewesen, desto weniger verschiedene von ihnen finden auf einmal Platz in dieser Welt. Schon Vögel gibt es nur rund neuntausend; und die Huftiere bewegen sich in der Größenordnung des Dreistelligen. Zwei (nach neueren Forschungen: drei) Elefantenarten finden zugleich ihr Auskommen auf diesem Planeten. Und eine Art von Menschen.

Sie alle, jedes einzelne Wesen, das dazugehört, sterben. Und indem sie es tun, schaffen sie dem Wandel auf Erden Einlaß. Man hat geschätzt, daß eine Spezies eine durchschnittliche irdische Verweildauer von einer Million Jahren genießt. Gerechnet auf die fünfhundert Millionen Jahre, seit es mehrzellige Lebewesen gibt, bedeutet das eine Verfünfhundertfachung dessen, was an Verschiedenheit möglich ist. Der ästhetische Gott hat die Leistungsfähigkeit der armen Erde erhöht, indem er das Schichtsystem einführte. Die Erde der Steinkohlenzeit, die Erde des Perm, die Erde der Dinosaurier, die Erde mit den Dschungeln des Miozän und mit den Steppen der Eiszeit – es ist, als hätte er nicht eine, sondern viele Erden geschaffen. Und billiger: Denn der Schönheitssinn dieses Gottes wird offenbar nur noch von seinem Geiz übertroffen. Es ist kein Einwand, daß er diese Welten ja nicht mehr *hat*. Denn es handelt sich immerhin um einen Gott, dem man leicht zutrauen darf, geeignete Gefäße zu besitzen, um die Realität des Vorübergegangenen aufzufangen. Und, um unsere eingeschränkte Gottähnlichkeit als bescheidene Analogie zu verwenden: Was haben *wir* von allen unseren Reisen? Genug jedenfalls, um die nächste zu buchen. Schöne Erinnerungen! Nun denke man, was dies für einen Gott bedeuten mag. Mindestens jedenfalls: daß die Zeit ihm so real sei wie der Raum uns. Selbst wenn er nicht überall sein könnte, stünde es ihm doch jederzeit frei, zu fahren, wohin es ihm beliebt.

*

Doch dem göttlichen Geiz muß es irgendwann aufgefallen sein, daß sein System der maximalen Differenzierung in einem Punkt noch sehr ineffektiv arbeitet. Die Tiere sterben allesamt, und zwar bald; es kommt indessen nicht ohne weiteres etwas nach, wodurch das Bedürfnis nach Abwechslung befriedigt würde. Die Generationen werden ausgetauscht, aber sie ähneln einander bis zur völligen Verwechselbarkeit. Auf eine Hauskatze folgt eine Hauskatze folgt eine Hauskatze. Neue Arten entstehen nur nach einer aberwitzigen Anzahl von Generationen. Liegt hier, unter dem Gesichtspunkt der Varietät, nicht eine ungeheure Verschwendung vor? Man müßte bei jedem Wechsel, der schließlich teuer genug zu stehen kommt (das Individuum stirbt, ein anderes wird angeschafft), doch mit sehr mäßigem Aufpreis etwas ganz Neues bekommen können.

So erschuf Gott, Haldanes Gott, zuletzt den Menschen mit seiner Geschichte. Denn, so sprach er, es mangelt mir an Geduld mit der trägen Wiederholung aller dieser Durchläufe, bei denen nichts herauskommt, als was vorher schon drin war; ich will von nun an bei jeder Umdrehung des Generationenrades eine Rendite sehen! Mögen die Insekten, bis sie des natürlichen Artentodes sterben, bleiben, was sie sind, es passen von ihnen, weil sie so klein sind, genügend viele verschiedene Modelle auf einmal in diese enge Welt; und von mir aus sogar die Fledermäuse. Siebenunddreißig Arten Libellen allein im Stadtgebiet von Chemnitz, das doch wahrlich nicht der Amazonas ist, und einhundertdreiundsechzig Arten von Laufkäfern – das soll genügen, sie zahlen ihren Sold mit ihren bunten Körperlein. Aber ich will mir einen kaleidoskopischen Großsäuger schaffen, der mich ergötzen soll. Gott nähte dem neuen Wesen, das er schuf, um es aus dem Paradies zu vertreiben, zuvor noch persönlich Röckchen aus Fell, damit es sehe, in welche Richtung die Erwartung ging und daß sein Schöpfer sich freuen würde, wenn es von nun an jede Saison auf seinen immergleichen Gliedern etwas Neues zum Anziehen und Vorzeigen hätte, aus Pelzen, aus Bast, aus Nylon, egal; so fing die Geschichte an.

Ich weiß nicht genau, was Nietzsche meint (dem hier zum Gott und damit zum Wahnsinn schon nicht mehr viel fehlt), wenn er sagt, nur als ästhetische sei die Geschichte groß und ewig gerechtfertigt. Es kann nicht das eigentlich Naturschöne gewesen sein, denn die Natur ändert sich nicht in geschichtlichen Zeitmaßen; auch nicht das Kunstschöne, das immer einen viel zu kleinen Teil des jeweiligen historischen Gesamtbestands ausmacht, um für mehr als einen Index, eine Krone oder ein Gewürz zu gelten; und erst recht nicht das Geschlechtsschöne, das die Zeitgenossen bezaubert, aber auf die Nachwelt nur als ein Hauch und ein Tau kommt, zudem die Beschränkungen des Kunstschönen und des Naturschönen in sich vereinigt. Ich glaube, was er am ehesten gemeint hat, ist: das Käferschöne der Geschichte.

JOHN BENDER

Der Roman als moderner Mythos

Drei Romane der englischen Literatur sind so vollständig in die volkstümliche Mythologie eingegangen, daß ihre Autoren hinter ihnen fast zu verschwinden scheinen und Oberflächenmerkmale ihrer Handlung entfallen können. Die drei Werke sind *Robinson Crusoe, Frankenstein* und *Dracula*. Welche Verbindungen könnte es zwischen diesen drei ikonischen Romanen als Mythen geben, die es ihnen ermöglicht haben, die bemerkenswerte Kraft zu entfalten, die sie über die *longue durée* der kulturellen Zeit hinweg zu besitzen scheinen? Die These ist, daß sie die Durchlässigkeit, die Oberflächentransparenz und die strukturelle Permanenz des Mythos besitzen.

Eine der Eigenschaften, die diese drei Bücher offensichtlich verbindet, könnte eine tiefere Signifikanz besitzen: nämlich daß *Robinson Crusoe* (1719) Daniel Defoes erstes größeres erzählerisches Werk, sein erster Roman war. *Frankenstein* (1818) war Mary Shelleys erster Roman. *Dracula* (1897) war Bram Stokers erster voll ausgearbeiteter Roman, wenngleich er bereits zuvor einige kürzere Thriller-Erzählungen sowie einige Fortsetzungsgeschichten veröffentlicht hatte, die als Episodensammlung erschienen und seine Erfahrungen als Justizbeamter reflektierten. Als weiteren Kandidaten für einen ähnlichen mythischen Status ließe sich noch an einen anderen Erstlingsroman denken, an *Gulliver's Travels*, aber er besteht eigentlich aus drei Geschichten und einigen Fragmenten und ist also kein Roman, außerdem läßt sein lebhaft-pointierter Stil kaum den literarischen Erstling ahnen. Auch *Dr. Jekyll and Mr. Hyde*, wenngleich es ein Werk ist, das mit einem Traum seinen Anfang nimmt, ist eigentlich eine lange Short story, die tief in der literarischen Laufbahn ihres Autors wurzelt. Hat *Alice in Wonderland* die mythische Reichweite meiner großen Drei? In mancherlei Hinsicht ja, aber ich werde diesen Text hier beiseite lassen, da ich in ihm die metamorphotische Dimension der anderen nicht erkennen kann – vielleicht, weil sein Thema die Metamorphose ist und seine Oberflächeneffekte so zwingend sind.

Die drei Romane, die ich hier betrachten möchte, scheinen mir eine bestimmte rustikale oder grob behauene Eigenart zu haben. Einiges von ihrer Unmittelbarkeit und der schieren Energie, die sie ausstrahlen, geht auf das Konto ihrer Erstlingseigenschaft: Vor allen Dingen steht die Art von Simplizität, Direktheit oder Unmittelbarkeit des Stils, die ich als wesentlich für alle drei Romane ansehen möchte, damit in Verbindung. Dies ist keine Schriftstellerei von naiver Simplizität. Wir wissen heute, daß Defoe gewohnt war, seine Texte zu überarbeiten, trotz seines zuerst dominierenden schlechten Rufs als Lohnschreiber. Mit Sicherheit haben Shelley und Stoker überarbeitet.

Ich will also nicht behaupten, der Anschein der Rustikalität resultiere aus Nachlässigkeit. Im Gegenteil, er entspringt einer *Orientierung* auf die Welt hin – einer Orientierung, die eine Aura der Initiation entstehen läßt, eines Beginns oder, wie ich es nenne, einer Erstmaligkeit. Martin Heideggers Begriff »Entbergung des Seins« kann eine Brücke bilden zwischen der hier herausgestellten Qualität der Erstmaligkeit und dem Eindruck des Erscheinungscharakters, der später noch wichtig werden wird. Erstmaligkeit, wie auch das Auftauchen einer Erscheinung, ließe sich als das archetypische *Ereignis* bezeichnen. Erstmaligkeit hat einen Offenbarungseffekt, aber sie bezieht ihre Substanz auch aus dem, was zuvor als lebendig erfahren wurde, weil Offenbarung oder Enthüllung zugleich die Umgebung verdunkelt, teilweise verbirgt oder »geisterhaft« werden läßt – so wie ein Scheinwerfer bestimmte Dinge erkennbar macht und andere ins Dunkel zurücktreten läßt. Mythen etwa sind definiert durch Erstmaligkeit – im Sinne einer ursprünglichen Originalität.

Obwohl zwei der Bücher von Anfang an äußerst beliebt waren – *Robinson Crusoe* und *Dracula* –, haben alle drei, innerhalb eines bestimmten Zeitraums, eine wirklich bemerkenswerte Popularität erreicht, die so groß war, daß sie für gewöhnliche Leser einschließlich junger Leute zu Klassikern wurden, wenngleich nicht immer für die Kritiker. Im Falle *Frankensteins* zog sich dieser Prozeß einige Zeit hin, denn das Buch scheint, bevor es in den zwanziger Jahren des 18. Jahrhunderts verschiedene dramatische Adaptionen gab, kein Bestseller gewesen zu sein, und erst die Aufnahme in die Serie *Bentley's Standard Novels* von 1831 initiierte seine im Lauf des 19. Jahrhunderts wachsende Popularität. Im Gegensatz dazu hob *Crusoe* schnell ab, mit einer Flut von Editionen und Übersetzungen in den ersten fünfzig Jahren. Das Werk erreichte im England des 18. und 19. Jahrhunderts eine enorme Popularität. In Amerika kam seine Popularität im späten 18. Jahrhundert beinahe an die der Bibel heran. Korrespondierend mit diesem Verlauf scheint sich *Crusoes* frühe Kanonisierung mehr seinem inspirierenden Einfallsreichtum zu verdanken oder seiner Eigenschaft als Kinderbuch.

Alle drei Romane teilen Eigenschaften der Rezeption Shakespeares, denn während sie von einigen Kritikern sehr bewundert wurden, wurden sie von den Literaten herablassend behandelt und gelangten nur langsam zur Kanonisierung als Werke der »hohen« Literatur. Alexander Popes *Dunciad* gab früh den dünkelhaften Ton gegen Defoe an, und sogar sein privates, gegenüber seinem Freund Joseph Spence geäußertes Lob des *Crusoe* widerstrebte ihm. Sowohl *Dracula* als auch *Frankenstein* wurden erst in jüngster Zeit als »hohe« Literatur kanonisiert, nämlich in den letzten dreißig Jahren. Tatsächlich liegt es auch keineswegs auf der Hand, daß *Frankenstein* und *Dracula* der Literaturwissenschaft zu einem früheren Zeitpunkt als Romane im engeren Sinn hätten gelten können, denn zumindest an ihrer Oberfläche widerstehen sie dem klassischen Kriterium, das Ian Watt in *Der bürgerliche Roman* mit dem Begriff »Realismus der Einschätzung« belegt hat.

Zweifellos lassen sich zahlreiche Parallelen zwischen diesen Büchern finden. *Frankenstein* und *Dracula* zeigen starke thematische Affinitäten. Die Vampirgeschichten, die man im Shelley-Zirkel zur Zeit der Entstehung des *Franken-*

stein las, wurden auch von Stoker gelesen, bevor er *Dracula* schrieb. Die beiden Texte werden häufig gemeinsam diskutiert, und es werden Hörbücher
beider Romane als Set angeboten. Die Hinzunahme von *Crusoe* deutet auf ein
anderes Themenspektrum hin, von dem später noch die Rede sein soll. Hier
ist erst einmal eine Liste von Themen und Merkmalen, die alle drei aufwei-
sen: das Über- und Unternatürliche; das Nichtmenschliche; der Schrecken;
das Verfertigen von Dingen und Maschinen (in *Frankenstein*: eines Lebewe-
sens); Erziehung; Rahmenerzählungen.

Dracula hat in seiner veröffentlichten Form keinen Rahmen, doch scheint
Stoker ein beträchtliches Stück einer Rahmenhandlung aus seinem Original-
manuskript weggelassen zu haben. Das Thema Wissenschaft und Technologie ist in allen dreien präsent, gemeinsam mit dem der Technologie des
Schreibens selbst – der Frage, wie jemand schreibt, welche Werkzeuge er
zum Schreiben verwendet, wie er eine Geschichte erzählt. Das Thema der
Reise ist zentral, ferner das des Übergriffs, der Monstrosität und des Überlebens. Freilich teilen viele andere Meisterwerke und auch weniger bedeutende
Texte diese Themen. Sie können also nicht an und für sich die einzigartige
mythische Ikonizität dieser drei Romane ausmachen. Wahrscheinlich hat das
Hervortreten der drei als Bücher von außerordentlicher Kraft in der populären, der literaturkritischen und sogar der literaturwissenschaftlichen Imagination mit der Konvergenz einer Anzahl von anderen Faktoren zu tun. Ich
vermute, daß für diesen historischen Prozeß die thematische Affinität keine
signifikantere Rolle spielt als der Zufall.

Statt des Themas soll hier der Faktor *Stil* im weitesten Sinne betont werden. Ich habe bereits erwähnt, daß die Erstlingseigenschaft dieser Bücher für
ihren relativen Mangel an stilistischem Glanz verantwortlich sein könnte.
Im Falle *Frankensteins* wissen wir, daß Percy Shelley den Text vor seiner Veröffentlichung im Jahr 1818 massiv überarbeitet hat – ob zum Besseren oder
Schlechteren sei dahingestellt –, indem er etwa viertausend Wörter änderte,
und daß Mary Shelley selbst in den verschiedenen Arbeitsphasen bis zur Edition von 1831 weitreichende Veränderungen und substantielle Erweiterun-
gen vorgenommen hat, die einen geglätteten, revidierten und in vielerlei
Hinsicht raffinierten Text hervorbrachten. Die Ausgabe der *Frankenstein
Notebooks* (1996) von Charles Robinson läßt erkennen, daß die rustikale oder
naive stilistische Energie der ersten Version beträchtlich reduziert wurde.
Doch noch immer scheint etwas von dieser roh behauenen Qualität, etwas
von diesem Eindruck einer elementaren Kraft durch die Raffinements hindurch, denen das Buch unterzogen wurde. Seine Erstlingseigenschaft über-
lebte die Überarbeitungen. Tatsächlich haben auch die »gewählten« Sätze
und die literarischen Anspielungen in *Frankenstein* oft einen rustikalen
Aspekt, wirken aufgesetzt, wie eine Erziehung, die geistig noch nicht ganz
verdaut ist.

Edgar Allan Poe stellte über *Crusoe* fest: »Ist es doch zum Hausgerät
geworden, bei nahezu jeglicher Familie in der ganzen Christenheit. Und
dennoch: nie ist Bewunderung eines Werkes – globale Bewunderung – mit
mehr Mangel an Unterscheidungskraft, oder auch unpassender vergeben

worden. Nicht 1 unter Zehnen – was sag' ich: nicht 1 von 500! – hat während des Durchlesens von Robinson Crusoe den entferntesten Begriff davon, daß irgendein Spürchen von Genie, ja auch nur von gewöhnlichem Talent an seiner Hervorbringung beteiligt gewesen sein könnte! Man betrachtet es einfach nicht unter dem Gesichtspunkt eines literarischen Erzeugnisses –: an DEFOE denkt Keiner dabei; an Robinson Jeder. Die Kräfte, welche das Wunder bewirkt haben, sind – eben durch die Erstaunlichkeit des von ihnen bewirkten Wunders! – in Obscuritäten gedrängt worden. Wir lesen;?;: und werden uns total selbst=entfremdet, infolge der Hochgespanntheit unsres Int'resses – wir klappen es zu, das Buch; und sind uns ziemlich gewiß darüber, daß wir selbst uns ebensogut zum Schreiben hingesetzt haben könnten. Und all=dies ward bewirkt, durch den zwingenden Zauber der Wahrscheinlichkeit.« (*Southern Literary Messenger*, Januar 1836)

So sagt Poe (in der Übersetzung Arno Schmidts), wobei seine Verwendung des Begriffs Entfremdung (»abstraction«) impliziert, daß die Leser *durch den Realismus* von der Realität entfremdet wurden oder daß der Text *Robinson Crusoe* selbst zu einer Art Erscheinung wurde aufgrund seiner überragenden realistischen Transparenz – seiner Fähigkeit, als geschriebene Realität zu verschwinden. Poe und andere Kommentatoren bemerken, daß jene Züge, die man als Defoes »Stil« bezeichnen könnte, dazu tendieren, in einem umgangssprachlichen Englisch unterzutauchen, das seine Transparenz schlichtweg aus seiner Einfachheit, Alltäglichkeit und sogar aus seiner Unbeholfenheit bezieht. Wir alle wissen, daß in der gewöhnlichen Rede selbst den kompetentesten Sprachbenützern unbeholfene Äußerungen unterlaufen. Was wir einen »gebildeten«, »hohen« oder »literarischen« Stil nennen würden, zielt traditionell darauf ab, die Unbeholfenheit zu vermeiden, um zu einer Scharfsinnigkeit zu gelangen, die mit konzentrierteren und kraftvolleren Ausdrucksformen verbunden ist als denen, die in der gewöhnlichen Sprache erreichbar sind.

Diese spezifische Qualität des Verschwindens, die der roh behauene Romanstil erzielen kann, gleicht der Tendenz des Stils, in mythischen oder ikonischen Geschichten zu verschwinden. Claude Lévi-Strauss und andere Strukturalisten haben das Element des Stils bei ihrer Behandlung der Grundlagen der Mythen beiseite gelassen. Lévi-Strauss sagt in *Strukturelle Anthropologie*, daß ein Mythos »von jedem Leser überall auf der Welt als Mythos gefühlt wird. Seine Substanz liegt nicht in seinem Stil, in seiner Musik oder in seiner Syntax, sondern in der *Geschichte*, die er erzählt.« Die Autoren als Personen und die Rahmenmerkmale unserer drei Bücher tendieren dazu, aus dem Blick zu geraten, wenn die Kerngeschichten übersetzt oder in andere Medien übertragen werden. Im Fall Shelleys ist in der populären Kultur sogar der Name »Frankenstein« vom Helden des Romans auf das Monster übergegangen. Dies sind Zeichen einer Verflüchtigung, wie sie bei archetypischen Geschichten vorkommen kann.

Die »hohe« Literatur wurde traditionell mit verfeinertem oder hoch artifiziellem individuellen Stil in Verbindung gebracht. Allein aus diesem Grund sind diese drei Bücher lange Zeit unter der Meßlatte des literarischen Kanons durchgeschlüpft. Shakespeare ging das in den ersten hundert Jahren nach seinem Tod ebenso – aus ganz anderen Gründen, die mit dem literarischen Status des Dramas und, da der Neoklassizismus zu dieser Zeit seinen Aufstieg erlebte, eher mit Über-Artifizialität als mit Unter-Artifizialität zu tun haben. Für die rücksichtslose Bearbeitung – sogar Verstümmelung – seiner Werke für die Bühne während des 17. und frühen 18. Jahrhunderts muß ein gewisser Argwohn gegen das Drama als literarische Gattung eine Rolle gespielt haben. Ähnlich gelangte der Roman als Gattung nicht in den Kanon und wurde bis vor einiger Zeit nicht als hohe Literatur angesehen.

Die Schlichtheit des Stils ist ein entscheidender Aspekt der Fähigkeit des Realismus, einen Eindruck des realen »Dings« zu geben. Wie John Richetti 2001 in seinem Vorwort zum *Crusoe* der Penguin Classics bemerkt hat, werden »Dinge« im Sinne des lateinischen Wortes »res« in realistischen Texten im allgemeinen bevorzugt dargestellt, und in außergewöhnlichem Maße in *Crusoe*. Aber Dinge haben auch in *Frankenstein* und insbesondere in *Dracula* eine außergewöhnliche Bedeutung. Stoker setzt materielle Objekte ganz dezidiert in den Vordergrund, ob das nun die Erde ist, die die Vampire bedeckt, oder die vielen Diktaphone, Schreibmaschinen, Dampfschiffe, Eisenbahnen und anderen Maschinen, die in die Handlung eingewoben sind. Bei ihm erscheint sogar die damals neuartige Technik der Bluttransfusion als ein drastisch physischer Akt.

Die eigentliche Qualität des Realismus hängt, wie Poe bemerkt hat, von der Fähigkeit seiner Sprache ab, in den Dingen und im Denken zu verschwinden. Ein Paradox ist in die Gattung des realistischen Romans eingebaut: Schreiben und folglich auch Stil lassen Objekte im Reich des Romans erscheinen, als ob sie real wären, weil sie nur durch das Medium von Sprache und Stil existieren können, doch soll der Stil selbst der Aufmerksamkeit des Lesers entgehen, wie es bei einer Zeitungsreportage der Fall ist. Die Illusion ist die der Objekte *selbst*. Und dennoch haben diese Dinge in Wahrheit keine Greifbarkeit, keine Verwendbarkeit, keine dimensionale Gestalt. Ich werde diesem Paradox später nachgehen, mit Hinblick auf den Begriff des Realismus als einer zum Erscheinen bringenden Weise des Schreibens.

Die Schlichtheit der Sprache hat auch einen außergewöhnlichen Grad von Übersetzbarkeit bei unseren drei Romanen möglich gemacht. Der grob behauene Stil hat Übersetzbarkeit nicht nur in dem Sinne befördert, daß Versionen in anderen Sprachen gut gelingen, sondern auch in dem anderen Sinn, daß die Geschichten mit großer Leichtigkeit von einem Medium in ein anderes transformiert werden können. Einer der eigenartigen Aspekte der literarischen Hochkultur in englischer Sprache ist, daß einige ihrer besten, am höchsten geschätzten Werke – beispielsweise die von Geoffrey Chaucer, Edmund Spenser oder John Milton – sich nicht so gut haben übersetzen lassen wie die Werke Shakespeares, als August Wilhelm von Schlegel sie ins Deutsche übertrug, wogegen Meisterwerke wie die *Divina Commedia*, das *Decamerone*, der *Don Quixote* oder der *Faust* sich frei in viele Sprachen hinein bewegt haben.

Nun zu der These, die drei Bücher besäßen einen archetypischen oder mythischen Status. Man könnte, wie Bronislaw Malinowski es in *Myth and Primitive Psychology* (1926) getan hat, die Position einnehmen, daß der Mythos »nicht von der Art der Fiktion ist, wie wir sie heute vom Roman kennen, sondern eine lebendige Realität, von der geglaubt wird, sie habe vor Urzeiten stattgefunden und würde seitdem die Welt und die menschlichen Schicksale beeinflussen«. Romanhafte Fiktion und Mythos liegen für Malinowski an entgegengesetzten Polen.

Seit Emile Durkheim, James Frazer, Sigmund Freud und Ernst Cassirer ist es ein Gemeinplatz der Mythenforschung, den Mythos im Vergleich zu jedweder literarischen Manifestation als elementar oder fundamental zu betrachten. Auf die eine oder andere Art wird der Mythos für tief symbolisch oder strukturell gehalten. In der Tat sind Mythos und Literatur immer wieder in Opposition gesetzt worden. Bei Northrop Frye, dem neben Roland Barthes bedeutendsten Literaturwissenschaftler, der sich mit dem Mythos befaßt hat, reicht die Wertskala von den antiken Mythen am einen Ende bis zu zeitgenössischen und minderen »ironischen« Formen am anderen: Schreibweisen, die sowohl ihre Modernität wie auch ihr romanhaftes Potential eher mit fiktionaler Prosa teilen als mit der frühen Tragödie oder der Versepik.

Immer wieder begegnen wir der Auffassung, das Mythische oder Archetypische sei in gewisser Weise der Literatur entgegengesetzt – wenngleich die Literatur sich von der Macht des Mythos nähre, sie verkörpere oder konserviere. Mythen hätten die Greifbarkeit, die Lebendigkeit oder Unmittelbarkeit, die den artifizielleren Formen fehle. Malinowski zum Beispiel scheint zu unterstellen, der Roman versuche das Gefühl von gelebter Realität oder Erfahrung wiederzuerwecken oder zu ersetzen, das für Menschen, die im Mythos aufgehen, Teil des Alltagslebens sei. Volkssagen wurden in solcher Art verklärt, als Herder und die Brüder Grimm sie zur Zeit der deutschen Romantik für sich entdeckten. Diese Vorstellung erstreckt sich sogar noch auf die »urban legends« unserer Tage, die auf gewisse Weise außerordentlich packend auf unsere Phantasie wirken, trotz ihrer faktischen Absurdität.

Raymond Williams betont, daß die Verwendung des Wortstamms »myth« als für sich stehendes Wort im Englischen selbst ein Produkt der Moderne des 19. Jahrhunderts ist, dessen Bedeutungen von romantischen Vorstellungen über die kollektive Imagination des Volkes geprägt sind. Es tauchte erstmals im Jahr 1830 auf. Williams zufolge sprechen die modernen Bedeutungen dem Mythos zu, »eine wahrere (tiefere) Version der Realität zu sein als die (säkulare) Geschichtsschreibung, die realistische Beschreibung oder die wissenschaftliche Erklärung«.[1] Ältere Worte, die auf diesem Wortstamm basieren und wie das Wort »mythology« und seine Varianten bis ins 15. Jahrhundert zurückreichen, stehen in keiner Beziehung zu unserem Begriff des »Mythos« im Sinne einer Art von primärer, überdauernder, kulturell grundlegender Geschichte. Statt dessen bezogen sich Worte, die auf der

---

[1]   Raymond Williams, *Keywords. A Vocabulary of Culture and Society.* London: Fontana 1976.

Wurzel »myth« aufbauten, auf die »fabelhafte Erzählung«, auf das Fiktionale und Unglaubwürdige. Man könnte sagen, das Wort selbst und mit ihm die Entstehung der modernen Vorstellung des Mythos gehe Hand in Hand mit der Entstehung des realistischen Romans.

Im allgemeinen wird der Mythos in diesen Diskussionen idealisiert, sei es durch Fryes Entgegensetzung von Mythos und ironischen Gesten der Moderne oder durch Lévi-Strauss' Behandlung von Stammesmythen als auf einzigartigen Strukturen beruhend, die enorme Oberflächenpermutationen überleben können und dabei noch immer grundlegende kulturelle Bedürfnisse befriedigen. In Frazers eher rationalistischer Sicht werden Mythen als primitives, tief verwurzeltes menschliches Wissen gesehen. Der einzige, der Mythen grundsätzlich in Frage stellt oder sogar eine negative Sicht auf sie hat, ist Roland Barthes, der aufzeigt, wie semiotische Strukturen innerhalb von kulturellen Gebilden funktionieren, die er »mythologies« nennt. Mit Beispielen wie dem Bild des französischen Soldaten, der die Fahne grüßt, zeigt er in *Mythen des Alltags*, wie diese Gebilde die Rigidität der Alltagssprache annehmen und wie ihnen die tiefere metaphorische Signifikanz entzogen wird, so wie es bei habitualisierten linguistischen Bildungen geschieht. Mythen werden als Ideologie naturalisiert und blockieren das kritische Vermögen, so wie unser alltäglicher Sprachgebrauch verlangt, über tiefgründige etymologische oder metaphorische Anklänge und Widersprüche hinwegzugehen. Der naturalisierte Gebrauch macht aus Worten wie aus den Mythen, die Barthes beschreibt, unbewußte Gesten oder quasi-automatische Mechanismen. Barthes war vermutlich inspiriert durch Durkheims These, Mythos und Religion hielten säkulare Werte aufrecht, indem sie sie in die Bereiche des Göttlichen projizierten.

Die Indifferenz von mythischen Erzählungen gegenüber der Oberfläche prägt sich im realistischen Roman als Schlichtheit des Stils aus. Diese Form des Geschichtenerzählens findet ihre frühen Analogien in Zeitungen, in den Baconschen Forderungen nach der Exaktheit eines schmucklosen Schreibens und in der Art von klarer wissenschaftlicher Berichterstattung, die Steven Shapin und Simon Schaffer »virtuelle Zeugenschaft« genannt haben.[2] Die Implikationen für die Technik des Romans sind weitreichend. Denn die Schlichtheit des Stils ermöglicht den illusionistischen, zum Erscheinen bringenden Stil des Realismus, einschließlich der erlebten Rede. Erlebte Rede ist eine Grammatik, in der Gedanken der ersten Person unpersönlich in der sprachlichen Form der dritten Person wiedergegeben werden, auf eine Art, die es nur in der Literatur gibt. Neutralität des Stils ist nicht länger eine Frage der schlichten Diktion und Syntax, sondern ein Mittel, um der Verflechtung äußerer sprachlicher Formen mit inneren subjektiven Zuständen, die charakteristisch für die Moderne sind, Rechnung zu tragen.

Adam Smith hat in seiner *Theory of Moral Sentiments* (1759) als erster eine verallgemeinerte Darstellung des psychosozialen mentalen Zustands gege-

---

[2]   Steven Shapin/Simon Schaffer, *Leviathan and the Air-Pump. Hobbes, Boyle, and the Experimental Life*. Princeton: Princeton University Press 1985.

MERKUR

DEUTSCHE ZEITSCHRIFT FÜR EUROPÄISCHES DENKEN
HERAUSGEGEBEN VON KARL HEINZ BOHRER UND KURT SCHEEL

»Der MERKUR ist das bundesdeutsche Flaggschiff einer Kritik, die diesen Namen verdient und die darum auch vor heiligen Kühen nicht haltmacht.«
Bayrischer Rundfunk

»Zentrum der liberalen Intelligenz.«
Frankfurter Allgemeine Zeitung

»Das Zentralorgan für den kritischen Geist«
Der Spiegel

Nutzen Sie die Abovorteile!

Wenn Sie jetzt abonnieren, ...

» sparen Sie! Ein Einzelheft kostet im Abonnement € 8,30* statt € 10,–* (Vorzugspreis sogar nur € 6,10*), das Doppelheft € 15,–* statt € 18,–* (Vorzugspreis € 11,–*).

» können Sie ältere Ausgaben, die Sie verpaßt haben, zum Abonnementpreis / Abovorzugspreis nachbestellen!

» erhalten Sie eine unserer attraktiven Buchprämien! (siehe Rückseite)

Bitte wenden. ▶

Absender

_____
Name

_____
Straße

_____
PLZ/Ort

_____
Telefon

_____
e-mail

_____
Geburtsdatum

Antwort

Klett-Cotta
Zeitschriften
Postfach 10 60 16
70049 Stuttgart

Die Prämien

Prämie 1
Bernhard von Mutius:
Die andere
Intelligenz

Prämie 2
Fernand Braudel:
Modell Italien
1450–1650

Prämie 3
Peter Bender:
Weltmacht
Amerika – Das
neue Rom

Was läßt sich aus der Hirnforschung für die Politik lernen? Was verbindet Psychologie und Börse, was Genetik und Literatur? Welche übergreifenden Muster helfen uns, komplexe Probleme besser zu verstehen? Man könnte auch sagen, wir müssen neu denken lernen. Wie wir morgen denken könnten, zeigt dieses spannende Buch.

200 Jahre lang, von 1450 bis 1650, liefert Italien ein Modell für ganz Europa, für seine Künste, seine Wirtschaft, seine Wissenschaft. In diesem opulenten Bildband mit 173 vierfarbigen Abbildungen ergänzen sich Illustrationen höchster Qualität und ein fundierter, elegant geschriebener Text aufs beste.

Droht den USA das gleiche Schicksal wie einst dem antiken Imperium? Ein brisanter politisch-historischer Essay

Merkur Sonderhefte 1997 bis 2004

jeweils € 18,– (D) / sFr 32,40, zzgl. Versandkosten: Inland € 1,50 / Ausland € 3,50

Merkur 9/10 '1997
Kapitalismus als Schicksal? Zur Politik der Entgrenzung
ISBN 3-12-974073-2

Merkur 9/10 '1998
Postmoderne. Eine Bilanz
ISBN 3-12-974193-3

Merkur 9/10 '1999
Nach Gott fragen.
Über das Religiöse
ISBN 3-608-97007-X

Merkur 9/10 '2000
Europa oder Amerika?
Zur Zukunft des Westens
ISBN 3-608-97018-5

Merkur 9/10 '2001
Zukunft denken. Nach den Utopien
ISBN 3-608-97029-0

Merkur 9/10 '2002
Lachen. Über westliche Zivilisation
ISBN 3-608-97040-1

Merkur 9/10 '2003
Kapitalismus oder Barberei?
ISBN 3-608-97051-7

Merkur 9/10 '2004
Ressentiment! Zur Kritik der Kultur
ISBN 3-608-97062-2

Weitere Informationen im Internet: Unter www.online-merkur.de finden Sie die jeweils aktuellen Vorankündigungen, sämtliche lieferbaren älteren Ausgaben, und Sie können gezielt nach Autoren und Stichworten recherchieren sowie sich in den Presseverteiler eintragen lassen.

Ich abonniere die Zeitschrift Merkur (jährlich 10 Hefte und ein Sonderheft)

☐ **Normalabonnement** € 98,– (D)*/ sFr 163,–* ab Heft _____ (Jahresabonnement)

☐ **Vorzugsabonnement** € 72,– (D)*/ sFr 120,–* ab Heft _____
(Jahresabonnement für Studenten gegen Vorlage einer Bescheinigung)

☐ Ich bestelle folgende Merkur-Hefte _____

☐ Ich bin Abonnent des Merkur mit der Kundennummer _____

*Mindestbezugszeitraum: ein Jahr, alle Preise incl. MwSt (in Drittländern außerhalb der EU gelten die angegebenen Preise netto), zzgl. Versandkosten: Inland € 9,60 / Ausland € 21,60 jährlich. Preise freibleibend, Stand 2004/2005.

Bitte schicken Sie an meine umseitige Adresse:

☐ Prämie 1 **Mutius, Die andere Intelligenz**

☐ Prämie 2 **Braudel, Modell Italien**

☐ Prämie 3 **Bender, Weltmacht Amerika**

Wenn sie den Merkur verschenken möchten, tragen Sie bitte hier die Lieferanschrift ein:

_____
Vorname und Name

_____
Straße und Hausnummer

_____
PLZ und Ort

_____
Datum/Unterschrift

_____
Telefon   e-mail

Bei Fragen zum (Geschenk-) Abonnement Tel: 07 11/66 72-16 48.

Bitte beachten Sie: wenn Sie ihr Abonnement nicht spätestens vier Wochen vor Ende des Bezugszeitraums kündigen, verlängert es sich automatisch um ein Jahr. J.G.Cotta'sche Buchhandlung Nachfolger GmbH, Stuttgart HRB 1890, UST-IDNr. DE 811 122517; Geschäftsführer: Michael Klett

KV 2111

ben, den die unpersönliche narrative Darbietung des Bewußtseins im Roman zur Kristallisation bringt. Diese Form des Erzählens erhöhe in außerordentlichem Maße die Einspannung des Lesers, in der man das allgemeine Charakteristikum der realistischen Literatur gesehen und die oft als gefährlich für eine Öffentlichkeit gegolten hat, weil sie für »Erscheinungen« anfällig sei. Illusionärer Glaube an Mythen, einschließlich ihrer rituellen Wiederaufführung, möchte vielleicht für primitive Menschen gut oder mental therapeutisch gewesen sein. Moderne Menschen müßten sich vor der ähnlich gearteten Zwingkraft der Romane in acht nehmen.

Nun zu einer letzten Eigenschaft von *Crusoe*, *Frankenstein* und *Dracula* als Mythen. Sie ist ihr dominierendes Merkmal und schließt die anderen ein. Es ist der Erscheinungscharakter der drei Romane. Dasjenige, was in der Moderne ikonisch oder mythisch wird, ist eine bestimmte individuelle oder kollektive psychosoziale *Erfahrung*. Meine These besagt, daß in der Moderne der Gehalt einer Geschichte in Werken, die einen mythischen Status annehmen, weniger wichtig wird als die Erfahrung der Fiktion selbst als real oder zwingend. Die solitäre Erfahrung der stillen Romanlektüre, bei der ein Text für ein einzelnes Individuum lebendig wird, *als ob* die Realität vollständig präsent wäre, ist, verglichen mit der früher üblichen Rezitation von Erzählungen, eine spezifisch moderne Erfahrung. Die fortlaufende Verschmelzung des Romantextes mit den emotionalen und physischen Erfahrungen des Lesers war eine Macht, die im 18. Jahrhundert allgemein bemerkt wurde und der der Chevalier Jaucourt in seinen Artikeln über »Roman« und »Beschreibung« in Diderots *Encyclopédie* höchste Bewunderung zollte. Jaucourt bestand vor allem auf der Entdeckung der »geheimen Emotion« in der Laufbahn des neuen Romans, die er von Madame de La Fayette über Samuel Richardson und Henry Fielding ihren Weg nehmen ließ. Jean-Jacques Rousseau schwelgte in dieser Macht als Leser von *Crusoe* und *Clarissa* sowie als Autor seiner eigenen *Julie*, obwohl er sie in seiner Bemerkung über Romane, die man »mit einer Hand liest«, geringschätzte. Man könnte sagen, daß die Behauptungen des 18. Jahrhunderts über die Gefahren der Absorption durch Romane auf die Fähigkeit der realistischen Prosaliteratur abzielen, die Leser zu unterwerfen und zu fesseln durch Präsenzen des Erscheinens, die privatim erfahren werden und der Gesellschaft unzugänglich sind.

Unsere drei Romane haben alle Erscheinungscharakter. Sie präsentieren Erscheinungen, die innerhalb der Realität stattfinden. Genau in der Mitte von *Robinson Crusoe* äußert der Held, als er den einzelnen Fußabdruck erblickt: »Ich stand da, wie vom Donner gerührt, oder als hätte ich eine Erscheinung gesehen; ich horchte, ich blickte um mich, aber es war nichts zu hören noch zu sehen. Ich stieg auf eine Erhöhung, um weiter zu sehen, ich ging den Strand auf und ab, aber es war umsonst, ich sah nichts als nur diese eine Spur. Ich trat wieder näher, um zu sehen, ob noch andere Spuren dabei wären, und um zu prüfen, ob ich mir das nicht alles eingebildet hätte. Aber für eine Einbildung war nicht Raum, denn da war der Fußtritt, ganz deutlich, Zehen, Fersen und alles übrige.«

Die Erzählung zeigt, daß Crusoe nicht nur Zeuge der Erscheinung des Fußabdrucks, sondern der Erscheinung des Kannibalismus wird, und sie zeigt schließlich, wie er sich in eine Erscheinung für andere verwandelt, wenn er als Herrscher über die Insel erscheint. Er nimmt derartige Qualitäten sogar schon früher in seiner eigenen Phantasie an, wegen seiner bizarren Kleidung. Es ist offensichtlich, daß das Monster in *Frankenstein* zu einer Erscheinung wird, insbesondere, wenn es am Montblanc oder im Eis der Arktis verschwindet, um sich zu opfern – und es besteht immer die Möglichkeit, daß es, wie eine Erscheinung, zurückkehrt. Auch andere Figuren sind oder werden geisterhaft in *Frankenstein*. Dracula ist das Paradebeispiel einer Erscheinung: Er materialisiert sich auf mysteriöse Art, er kann sich über große Entfernungen hinweg bewegen, und er lebt von der Essenz des menschlichen Lebens schlechthin, dem Blut. Verschiedene Figuren im Roman übernehmen seine Eigenschaften und werden, wie es bei Lucy der Fall ist, selbst Vampire.

Doch es soll hier nicht in erster Linie darum gehen, daß diese drei Werke in ihrer Handlung, ihren Ereignissen oder Figuren Erscheinungen inszenieren, sondern darum, daß der Erscheinungscharakter tief in ihre Technik als realistische Romane eingeschrieben ist. Es mag vielleicht überraschen, daß ich *Frankenstein* und *Dracula* zusammen mit *Crusoe* zu den realistischen Romanen rechne, aber technisch und ihrem Verfahren nach sind sie es. Sie sind außerdem metarealistisch, da sie die Erscheinungsqualität des Realismus selbst an die Oberfläche bringen: die Fähigkeit des Realismus, den Eindruck von realen Dingen zu geben – andere Mittel als die direkte, sensorische Wahrnehmung des Realen zu verwenden, um eine Realität zu projizieren. In diesem Sinne hat der Realismus, die Gattung des realistischen Romans, Erscheinungscharakter. Der Modus dieser Werke ist untrennbar mit ihrer Thematik verbunden, der Thematik des Erscheinens, doch ist dies keine Ursache, sondern ein Symptom. Analog dazu hat William Nestrick den frühen Film als besessen beschrieben, besessen wie Shelleys *Frankenstein* von der Magie des »Lebendigwerdens« durch die mechanisch produzierte Illusion einer scheinbaren Bewegung.[3] Die Thematik der Zombies, Vampire und Geister, die sich zwischen Leben und Tod bewegen, findet sich überall im frühen Film, und sie ist ein Symptom der Faszination, die seine eigene geisterhafte Technik auf seine Zuschauer ausübte. Die Thematiken sind sekundär, nicht primär, obwohl ihre Präsenz die Bildlichkeit und den Schnitt ins Bewußtsein zu rufen vermag, die, in Walter Benjamins Begriffen, den konstitutiven Charakter der Filmillusion als Modus der »mechanischen Reproduktion« darstellen.

Es wäre noch manches über den Erscheinungscharakter als Kern der realistischen Literatur zu sagen. Ich folge dabei Terry Castles Gebrauch des Begriffs »Erscheinung«, um den Bogen zu beschreiben, der im 18. Jahrhundert seinen Ausgangspunkt nimmt und in Freuds Theorien kulminiert. Castle

---

3   William Nestrick, *The Endurance of Frankenstein. Essays on Mary Shelley's Novel*. Berkeley: University of California Press 1979.

beschreibt einen historischen Komplex von sozialpsychologischen Entwicklungen, in denen Geister und Erscheinungen, die in früheren Zeiten als Grö-
ßen außerhalb des menschlichen Körpers wahrgenommen wurden, zunehmend in der Imagination als psychische Phänomene introjiziert und schließlich zu Symptomen von psychoanalytisch behandelbaren Zuständen wurden.[4]

Mein Verständnis von Erscheinung ist aber, im Gegensatz zu dem Castles,
nicht an Thematisches gebunden – an externe oder interne Gespenster –,
sondern eher an die Techniken des Realismus selbst. Hier ist die lange Diskussion über die Wahrscheinlichkeit – im traditionellen Alltagsverständnis,
nicht im modernen mathematischen Sinne – von zentraler Bedeutung. Weder bei Aristoteles noch bei Fielding läßt die Literaturtheorie die seltsamen
Einfälle des alltäglichen Lebens zu, wenngleich Fielding die Grenzen erwei-
tert hat, indem er durch die Stimme seiner Erzählerfiguren das Thema der
Koinzidenz artikulierte. Jede Zeitung enthält Ereignisse, die in einem Roman völlig unglaubwürdig wären. Jeder reflektierte moderne Mensch weiß,
wie instabil und vielfältig Wahrnehmung ist. Wie Alexander Welsh gezeigt
hat, haben die Gerichtshöfe im England des 18. und 19. Jahrhunderts zunehmend die Aussagen von Augenzeugen zugunsten von Indizienbeweisen ab-
geschafft, da es unmöglich ist, die Realität anders als durch probabilistische
Ableitung juristisch zu stabilisieren.[5]

Aber die realistische Literatur stabilisiert das Reale *als* Realität. Durch
seine Neutralität des Stils, seine Überfülle an Details, seine kausalen Hand-
lungssequenzen produziert der Realismus eine kohärente sprachliche Version der Realität, die es nie gegeben hat, nicht gibt und nie geben wird. Zu
erwarten, die Prinzipien der realistischen Literatur müßten auf das Alltagsleben anwendbar sein, wird bestenfalls in Verblendung, schlimmstenfalls in
Wahnsinn enden. In diesem Sinne will ich es verstanden wissen, wenn ich
sage, daß die realistische Literatur Erscheinungscharakter trägt: Sie trägt
Erscheinungscharakter nicht hinsichtlich ihres thematischen Gehalts, hinsichtlich spezifischer Figuren oder Handlungen, sondern hinsichtlich ihrer
eigensten technischen Verfahren.

Mythen können den Realitätsgehalt von Erscheinungen haben – die Leb-
haftigkeit, die nur vergängliche Dinge zu haben scheinen –, die Lebhaftig-
keit von Träumen und Phantasmen. Und in den drei Romanen, die hier zur
Diskussion stehen, findet man einen Sinn für die Vergänglichkeit, wie sie der
Realität des Alltagslebens zugrunde liegt, die Erscheinungsqualität der
sinnlichen Wahrnehmung, welche David Hume und andere Philosophen des
18. Jahrhunderts ebenso beschäftigt hat wie die Verfechter des Übernatürlichen, die das Reale und das Kontraintuitive gleichberechtigt nebeneinander stellten. Sogar wenn sie, wie Hume, Eingriffe von Geistern in die reale

---

[4] Terry Castle, *The Apparitional Lesbian*. New York: Columbia University Press 1993; *The Female Thermometer*. New York: Oxford University Press 1995.

[5] Alexander Welsh, *Strong Representations. Narrative and Circumstantial Evidence in England*. Baltimore: Johns Hopkins University Press 1992.

Welt für illusionär erklärten, beschworen sie die Erscheinungsqualität just der Erfahrung, die wir die reale nennen.

Unsere drei Werke sind Metaromane – moderne Mythen – in ihrer Enthüllung der Irrealität im Realen. Ihre Phänomenologie ist analog zum »Lebendigwerden« in frühen Horrorfilmen, die von *Frankenstein* und *Dracula* inspiriert waren, oder zur Entdeckung der gespenstischen Präsenz des Fußabdrucks für Robinson Crusoe. In der Moderne, und insbesondere in jener Art von industrieller Moderne, die *Dracula* anspricht und in gewisser Weise vorhersagt, wird das Reale von seinen medialen Simulationen ununterscheidbar. Dieser Prozeß hat bereits im 18. Jahrhundert mit der tollen Popularität von Richardsons *Pamela* (1740) begonnen, William Warner zufolge eindeutig ein Medienphänomen im modernen Sinne.[6] Der realistische Roman ist Teil einer weit zurückreichenden Geschichte der Invasion der Medien in die Realität, die uns durch ersatzweise Projektion die Illusion ermöglicht, Erfahrungen aus erster Hand mit anderen zu teilen. Die Membran des Realen mag in Romanen hauchdünn über die sprachlichen Produktionsmittel gespannt sein, sie kann sogar Risse haben – so wie ein Film die Illusionseffekte aufrechterhalten kann, während er unter den Augen des Zuschauers mit den mechanischen Dämonen flirtet, die sie zum Leben erwecken. Man erblickt den Geist in der Maschine.

Das Medium oder die Gattung, die diese Art des Flirts innerhalb des realistischen Romans institutionalisiert hat, wird »Gothic« genannt. In der Tat ist Gothic in vieler Hinsicht *die* Schreibweise der modernen Literatur, obwohl sie erst 1764 von Horace Walpole erfunden wurde. Walpole benannte in seinen Vorworten zu *The Castle of Otranto* einige zentrale Aspekte des Realismus als konstitutive Eigenschaften des Gothic. »Gestehe die Möglichkeit der Tatsachen zu«, erklärte er, »und alle Figuren verhalten sich, wie es Menschen in ihrer Situation tun würden.« Walpole wünschte, daß sich die sterblichen Handelnden in seinem Drama »gemäß den Regeln der Wahrscheinlichkeit verhalten; kurz, sie sollen denken, sprechen und handeln, wie man es von gewöhnlichen Menschen in außergewöhnlichen Situationen vermuten würde«. Indem er »Gleichnisse, blumige Wendungen, Abschweifungen oder unnötige Beschreibungen« ablehnte, betonte er insbesondere die bewußte Wahl einer ungeschmückten, unmetaphorischen Einfachheit des Stils, die seit Sir Walter Scott von den Kritikern bemerkt wurde.

Betrachtet man *The Castle of Otranto* genauer, so stellt man fest, daß seine Erzählformen, sieht man von der Handlung und der Szenerie ab, im Prinzip diejenigen des realistischen Romans sind, einschließlich der erlebten Rede. Tatsächlich ist *Otranto* wohl das erste Werk der englischen Literatur, das konsequenten Gebrauch von der erlebten Rede macht. Die Ereignisse sind außergewöhnlich, aber die Art und Weise, in der die Geschichte erzählt wird, ist geradlinig, einfach und klar. Obwohl also die Figurenpsychologie, gemessen an der eines Richardson oder Laurence Stern, nicht komplex ist, findet

---

6   William B. Warner, *Licensing Entertainment. The Elevation of Novel Reading in Britain.* Berkeley: University of California Press 1998.

man im Text von *Otranto* zentrale Passagen hochgespannter geistiger Reflexion. Man findet die Wiedergabe des Bewußtseins der ersten Person in der grammatikalischen Form der dritten Person, welche die erlebte Rede definiert, und die später die verblüffende psychologische Klarheit der Romane Jane Austens annehmen wird. Paula Backscheider weist in ihrer Defoe-Biographie (1989) auf die Strategie Walpoles hin, wenn sie bemerkt, daß Romanschriftsteller des 18. Jahrhunderts häufig gewöhnliche Menschen in außergewöhnliche Situationen versetzen. Walpole hat schlicht eine basale Strategie der realistischen Literatur übernommen und sie ins Extrem der Gothic Novel getrieben.

Ist die Gothic Novel letztendlich so unwahrscheinlich? Jesse Molesworth hat gezeigt, daß die Spieler des 18. Jahrhunderts sich hartnäckig konträr zu den neuen Gesetzen der mathematischen Wahrscheinlichkeit verhalten haben, die in den damals allgegenwärtigen Veröffentlichungen von Edmond Hoyle über das Glücksspiel leicht zugänglich waren.[7] Das reale Spielverhalten folgte der mathematischen Wahrscheinlichkeit nicht mehr, als das Alltagsleben den Regeln der realistischen Literatur folgt. In einem solchen Kontext kann die illusionäre Eingemeindung des Übernatürlichen der Gothic Novel wie eine symbolische Anerkennung der Absurdität des Alltags erscheinen, die wir im Fluß unserer Existenz erfahren: der Realität, die die Zeitungen in ihrer ganzen bizarren Unmittelbarkeit zu erfassen suchen. Die Wahrscheinlichkeit ist schön und gut, aber kann sie die nächste Sekunde meines Lebens vorhersagen oder die nächste Karte, die ausgespielt wird? Nein, sie kann nur den langfristigen Durchschnitt vorhersagen, das Ergebnis zahlloser Würfe einer Münze. Auf der anderen Seite kann die der Gothic Novel zugrundeliegende realistische Struktur, im Kontext ihrer Thematik und ihrer romantischen Handlungsstruktur, als bloßes Vehikel beschrieben werden, um die Unvorhersagbarkeit des Alltäglichen zu bewältigen – die Verrücktheit des realen Lebens. Die verborgene, aber allgegenwärtige realistische Technik, die für die Gothic Novel so charakteristisch ist, ist in diesem Sinne gespenstisch oder geisterhaft. Die Technik funktioniert wie ein digitales Sortierprogramm, das Datenströme zu lenken und zu verwalten hat, die zu groß sind, als daß sie von Menschen erfaßt werden könnten. Dieses realistische Programm wird, wie Flaubert in einer oft zitierten Passage bemerkte, »überall gefühlt, aber nie gesehen«.

Die drei Bücher, die ich analysiert habe, verbinden diese Vorstellung des *Außergewöhnlichen* mit den Formen des Gewöhnlichen, die wir mit der Verbreitung von Angst und Schrecken assoziieren, wie sie die Gothic Novel betreibt. Solche Formen sind für das Verständnis der Kultur und ihrer Werte in der Moderne fundamental. In diesem Sinne mag es also keine Gothic Novel geben, sondern einen Gothic-Modus, der durch die Art und Weise gekennzeichnet ist, wie er Züge, die den realistischen Roman selbst kennzeichnen, aufzeigt. Es ist ein Gemeinplatz zu sagen, das Herz des amerikanischen Ro-

---

7   Jesse M. Molesworth, *Against All Odds. The Sway of Chance in Eighteenth-Century Britain.* Ph.D.-Dissertation an der Stanford University 2003.

mans sei die Gothic Novel, wenn wir an Brockden Brown im späten 18. Jahrhundert oder Nathaniel Hawthorne, Herman Melville oder William Faulkner denken. Vielleicht sollte Gothic besser nicht als Teil des modernen Romans betrachtet werden. Eher wäre der moderne Roman als durch den Erscheinungscharakter geprägt zu verstehen, und das heißt: als Gothic. Schließlich spielen sogar Zeitungen, diese Bastion der »Fakten«, aus denen sich der Roman entwickelt hat, leicht in den Bereich der Phantasie und der erfundenen Fakten hinüber, die wir mit heutigen Revolverblättern verbinden.

Meine These ist, daß diese drei am offensichtlichsten mythischen Romane der Moderne in englischer Sprache auch die drei am stärksten metaromanhaften sind. Ian Watt schreibt: »Robinson Crusoe, der beinahe universal bekannt ist und beinahe universal für mindestens halb real gehalten wird, kann der Status eines Mythos nicht verweigert werden.« »Aber«, fragt Watt, »eines Mythos wovon?« Daraufhin legt er seine berühmte These über den Homo oeconomicus und den Mythos des Individualismus dar. Allerdings ist Watts Essay, wie zahllose andere Essays über Defoes Roman, aber auch über die Shelleys und Stokers, im Grunde thematisch. Er ist nicht mehr als eine allegorische Exegese. Diese Werke, so heißt es, sind mythisch, weil sie vom Individualismus handeln, von der Wissenschaft, der Mutterschaft, dem Silberstandard, der Erziehung, der sexuellen Initiation oder was auch immer.

Statt dessen behaupte ich: Der mythische Status dieser drei Bücher ist nicht thematisch, sondern in einer strukturellen Erfahrung begründet. Die Erscheinungsqualität ihres Verschwindens als Bücher macht sie zu Ikonen der modernen Auffassung von der paradoxen Konkretheit und Flüchtigkeit der Realität selbst. Es sind Mythen über den Mythos des Realen. Es sind nicht allegorische, sondern direkte, demonstrative Enthüllungen. Sie lassen uns einen Blick in das Funktionieren des Romans werfen, so wie die Illusionen, die der Film projiziert, Benjamin zufolge Animationen sind, welche die Maschine, die sie produziert, zugleich verbergen und enthüllen. Malinowski hatte unrecht, wenn er die Romanfiktion gegen »eine lebendige Realität ausspielte, von der geglaubt wird, sie habe vor Urzeiten stattgefunden und würde seitdem die Welt und die menschlichen Schicksale beeinflussen«. Was in *Robinson Crusoe, Frankenstein* und *Dracula* gefeiert wird, ist der moderne Glaube an die Erstmaligkeit, die Originalität und das kontinuierliche Funktionieren dessen, was wir »Realität« nennen, angesichts der überwältigenden Evidenz der Ungreifbarkeit des Realen in unserer Erfahrung.

Aus dem Englischen von Florian Wolfrum

ANNEGRET MAHLER-BUNGERS

Die Metamorphosen des Bösen

Roman Polanski und seine Filme

Roman Polanski wurde 1933 als Sohn eines polnisch-jüdischen Vaters und einer russisch-jüdischen Mutter in Paris geboren. 1937 kehrte die Familie nach Polen zurück und ließ sich in Krakau nieder. Sie bewohnte ein Haus im jüdischen Viertel der Stadt, das 1940 von den Nazis zum Ghetto umgewandelt wurde. Kurz darauf wurde Polanskis Mutter nach Auschwitz verschleppt und dort ermordet. Polanski war acht Jahre alt, als sein Vater in das Lager Mauthausen kam. Das Kind konnte aus dem Ghetto fliehen und fand Unterschlupf bei verschiedenen polnischen Familien, zuletzt auf dem Land, wo es schwer arbeiten mußte und nur äußerst entbehrungsreich überleben konnte. Als sein Vater sich wieder verheiratete, wollte der Dreizehnjährige nicht mehr mit ihm zusammenleben. Er besuchte die Krakauer Kunstschule, entdeckte sein Talent als Schauspieler und wirkte in Theaterstücken, Hörspielen und Filmen mit. Schließlich bewarb er sich auf der Filmhochschule in Lodz und studierte Regie. *Das Messer im Wasser* (1962) war sein erster abendfüllender Film, den er nach dem Examen in Polen drehte. Der Film wurde international begeistert aufgenommen und bekam mehrere Preise. Danach verließ Polanski Polen für immer.

Zuerst lebte er in Paris, dann in London, wo 1965 *Ekel* und 1966 *Wenn Katelbach kommt* entstanden. Mit *Tanz der Vampire* 1967 wurde Polanski vor allem in Europa berühmt. Sein erstes Hollywoodangebot kam 1968 mit *Rosemaries Baby*. 1969 wurde Polanskis hochschwangere Frau Sharon Tate von der Manson-Bande bestialisch ermordet. Polanski übersiedelte wieder nach London und verfilmte zwei Jahre später Shakespeares *Macbeth*, 1972 folgte der Film *Was?*, 1974 wurde die Hollywoodauftragsarbeit *Chinatown* ein weltweiter Erfolg. Danach drehte Polanski 1976 in Paris *Der Mieter*, in dem er die Hauptrolle spielte. Kurz darauf wurde Polanski in Kalifornien wegen Beischlafs mit einer Minderjährigen angeklagt. Er floh nach Europa, wo er bis heute lebt. Hier drehte Polanski 1979 das melodramatische Filmepos *Tess,* und 1986 erfüllte er sich mit dem Film *Piraten* einen langgehegten Wunsch. 1985 lernte er die französische Schauspielerin Emmanuelle Seigner kennen, die in seinen Filmen *Frantic* (1987) und *Bitter Moon* (1992) Hauptrollen spielte und die er später heiratete. Mit ihr hat er zwei Kinder. 1994 drehte Polanski *Der Tod und das Mädchen*, es folgten 1999 die *Die neun Pforten* und 2002 *Der Pianist*.

Trotz der vielen Genres, in denen sich Roman Polanski als Filmemacher versucht hat, wird er zu den Autorenfilmern gezählt. Alan Lovell hat 1969 in der Filmzeitschrift *Screen* dazu geschrieben: »The assumption behind the principle is that any director creates his films on the basis of a central structure and that all his films can be seen as variations or developments of it.« Diese Struktur muß folgerichtig auch durch die Genres hindurch erkennbar bleiben, die ein Autor benutzt. Eine ähnliche Position vertrat die literaturanalytische Schule von Charles Mauron, die sogenannte »psychocritique« in Frankreich. Mauron schlug vor, die Texte eines Autors so übereinander zu kopieren, wie es Francis Galton mit seinen Fotografien getan hat. Dadurch würde ein Netz von Assoziationen und Bildgruppierungen sichtbar, die unbewußt determiniert sein müssen.[1] Auch Freud hat in der *Traumdeutung* das Übereinanderkopieren als eine von vielen Verfahrensweisen der Traumarbeit, nämlich die »Mischpersonenbildung«, bezeichnet: »Es ist wie eine Mischphotographie von *Galton*, der, um Familienähnlichkeiten zu eruieren, mehrere Gesichter auf die nämliche Platte photographieren ließ.«

Gleichviel was Polanskis Filme uns erzählen, seine Erzählweise hat einen langen Atem, ist ruhig und kontinuierlich, man könnte sagen konservativ. Diese Ruhe entsteht vor allem durch die Orientierung am aristotelischen Prinzip der Einheit von Ort, Zeit und Handlung. Aber bekanntlich ist der Film ein mimetisches Medium, das dieses traditionelle Prinzip dank seiner Technik in alle Richtungen hinsichtlich der Raum-Zeit-Grenzen überschreiten kann: Im Film ist alles möglich. Polanski nutzt diese filmischen Möglichkeiten nur begrenzt, jedoch sehr bewußt. Seine Filme bevorzugen den *einen* Hauptspielort. Dies trifft besonders für die Filme zu, deren Drehbuch Polanski (meistens zusammen mit Gérard Brach) selbst geschrieben hat: das Segelschiff *(Messer im Wasser)*, die Wohnung oder das Haus *(Ekel, Der Mieter, Was?, Der Tod und das Mädchen)*, die Burg *(Wenn Katelbach kommt, Tanz der Vampire)* oder das Kreuzfahrtschiff *(Bitter Moon)*.

Die Geschichten werden chronologisch erzählt. Es gibt so gut wie keine Flashbacks. Selbst in *Der Tod und das Mädchen*, in dem eine junge Frau ihrem Folterer und Vergewaltiger begegnet und ihn mit dem Durchlebten konfrontiert, verzichtet Polanski darauf, das Vergangene bildlich zu vergegenwärtigen. Zum ruhigen Erzählduktus gehört fast durchgängig die subjektive Perspektive des Protagonisten, so daß der Zuschauer nicht mehr zu sehen und zu wissen bekommt als der Protagonist. So oft wie möglich sind daher der Blick von Kamera und Protagonist identisch.

Polanski bevorzugt lange Takes. Beispielhaft dafür ist eine siebenminütige Szene in *Wenn Katelbach kommt*. Das heißt, daß in Polanskis Filmen der *mise en scène*, der szenischen und schauspielerischen Gestaltung, soviel Gewicht zukommt wie den genuin filmischen Mitteln Montage und Schnitt. Zur ruhigen Erzählweise gehört nicht zuletzt die fast zwanghafte Sorgfalt, die Polanski auf Ikonographie (in Form eindrücklicher Bilder und Farben), auf Ausstattung und Details sowie auf Ton und Musik verwendet.

Im Gegensatz zu diesem ruhigen, geschlossenen, chronologischen und geordneten filmischen Narrativ gerät die Ordnung, von der erzählt wird, gleichsam außer Kontrolle: die Ordnung einer Beziehung, eine politisch-so-

---

[1] Vgl. Michael Rutschky, *Lektüre der Seele. Eine historische Studie über die Psychoanalyse der Literatur*. Berlin: Ullstein 1981.

ziale Ordnung oder die Ordnung des psychischen Systems. Polanskis Kino zeigt regelmäßig das höchst beunruhigende Zerbröckeln dieser Ordnungen, wobei die Erzählungen konsequent davon absehen, diese Ordnungen in irgendeiner Weise wiederherzustellen. Folglich gibt es in Polanskis Filmen kein *happy ending*. Die Verweigerung einer Wiedergutmachung wird noch durch ein weiteres Formelement überboten: das der Zyklizität. Schon in den Kurzfilmen des Studenten der Filmhochschule in Lodz imponierte das Schema der »Wiederkehr des Gleichen«, oder vielmehr einer Wiederkehr des »verschlimmerten Gleichen«.

In *Zwei Männer und ein Schrank* kehren die Männer in das Meer zurück, aus dem sie gekommen sind. *Ekel* beginnt mit der Großaufnahme von Carols Augen und endet mit einem Kameraschwenk auf ein Familienfoto, auf dem Carol als Kind abgebildet ist, bis zur Großaufnahme dieses kindlichen Blicks. Im Drehbuch heißt es: »Sehr langsame Fahrt auf das Gesicht Carols im Foto, immer näher, bis das Korn das Bild auflöst.« *Wenn Katelbach kommt* schließt mit einer Aufnahme von George, der wie ein Embryo zusammengekauert auf einem Stein in der steigenden Flut hockt, so ausgeliefert und verloren wie der sterbende Ganove Albert im Auto, das die Flut zu überschwemmen droht, zu Beginn des Films. Und beide Male hören wir dieselbe Jazzmusik von Christoph Komeda. *Tanz der Vampire* beginnt und endet mit einer Schlittenfahrt von Professor Abronsius und Alfred, und beide Male bekommt der ahnungslose Professor nichts von der tödlichen Gefahr mit, der Alfred ausgesetzt ist, nur ist diese Gefahr am Ende des Filmes eine, die sich nicht mehr abwenden läßt und sich epidemisch ausbreiten wird. *Piraten* beginnt und endet auf einem von einem Hai belauerten Floß in der Weite des Meers. Besonders auffallend ist das zyklische Prinzip in *Macbeth*, wo Polanski zum Schluß Donalbain, den Bruder des neuen Königs, dieselben Hexen aufsuchen läßt, deren Voraussagen Macbeth in die Katastrophe geführt hatten. Dieses Ende ist bei Shakespeare, an dessen Text sich Polanski sonst strikt gehalten hat, bekanntlich nicht vorgesehen.

Dem ungeschriebenen Gesetz Hollywoods, jede Filmerzählung mit einer Wiedergutmachung der Schrecken, in die sie den Zuschauer versetzte, enden zu lassen, hat Polanski sich auch in *Chinatown* nicht gebeugt. Zum erstenmal inszenierte Polanski einen Film, zu dem er nicht selbst das Drehbuch geschrieben hatte. Die gleichsam industrielle Hollywoodästhetik schränkte die persönlichen Gestaltungsmöglichkeiten ein, und gerade deshalb, schreibt Karsten Visarius, habe ihm »die Bindung an ein fremdes Skript und die von diesem erzwungene narrative Ökonomie des Films eine so weitgespannte Formulierung seiner persönlichen Impulse ermöglicht wie nie zuvor«.[2]

Vor allem hat Polanski in diesem Film seinen tragischen Schluß gegen den Widerstand des Drehbuchautors Robert Towne und des Produzenten Robert Evans durchgesetzt: Cross, ausgemachter Schurke und Mörder in dieser Geschichte, genießt am Ende den Schutz der Polizei. Er versucht seiner (Inzest)-Tochter durch Zuhalten der Augen den Anblick ihrer erschossenen Mutter

---

[2] In: *Roman Polanski. Reihe Film 35.* München: Hanser 1986.

zu ersparen und sie zu beruhigen. Sie wird ihm von nun an vollkommen ausgeliefert sein, was ihre Mutter um jeden Preis verhindern wollte. Das »Böse«, das der Privatdetektiv Gittes aus der Welt schlagen wollte, triumphiert,
ja, Polanski inszeniert Cross in dieser Szene sogar als betroffenen und mitfüh-
lenden lieben Opa. Der Drehbuchautor Robert Towne hatte den Tod von
Cross durch Evelyns Hand vorgesehen und Evelyns Rettung. Bei Polanski
aber wiederholt sich Gittes' Geschichte: Durch seine Schuld kommt zum
zweitenmal eine Frau in Chinatown zu Tode, die er hatte retten wollen. So
schließt das Ende hier an den Beginn von Gittes' Geschichte an, wie ein Alp-
traum, die sich wiederholt und aus dem es kein Entkommen gibt.

Wir sehen in *Chinatown* dann neugierige Passanten herbeieilen, die das
Unglück betrachten – immer wieder konfrontiert Polanski den Zuschauer
mit seinem Konzept vom Publikum und dessen voyeuristischer Faszination
des Schreckens. In *Der Mieter* halluziniert der Protagonist seine neugierigen
Nachbarn an ihren Fenstern als Publikum auf den Rängen und Balkonen
eines Opernhauses, um dann, kostümiert und geschminkt wie seine selbst-
mörderische Vormieterin, im freien Fall in die Psychose ihren grausigen
Selbstmord zu reinszenieren, was durchaus makaber-komödiantische Züge
hat, so daß man fragen möchte: Ist es eine Komödie, ist es eine Tragödie?
Dies bleibt bei Polanski oft unentschieden, und so wissen wir auch nicht,
wenn die Kamera in der Endszene von *Chinatown* nach oben fährt und die
dunkle Straße in der Totalen zeigt, in der Gittes und seine beiden Assistenten
sich entfernen und immer kleiner werdend im Dunkel des Hintergrunds verschwinden, wie die Geschichte ausgehen wird.

Denn Polanski ersetzt das *happy ending* nicht einfach durch ein *unhappy
ending*. Die Filmschlüsse sind rätselhaft, offen. Polanskis Helden überleben
(bis auf *Der Mieter* und *Tess*), aber sie überleben beschädigt und verstört. Deshalb sind die Enden von Polanskis Filmen weder *happy* noch *unhappy* – sie
sind bitter. Dies bringt der Titel eines seiner letzten Filme zum Ausdruck:
Bitter Moon. Wir haben es in diesem Film mit der Konfrontation zweier Paare
zu tun: dem kultivierten britischen Paar Nigel und Fiona, das auf einem
Kreuzfahrtschiff den ersten Jahrestag seines Honeymoon begeht, und dem
sadomasochistisch aneinander gefesselten Paar Oskar und Mimi. Die Geschichte dieser beiden wird das Welt- und Selbstverständnis von Nigel und
Fiona erschüttern. Sie überleben zwar im Gegensatz zu Oskar und Mimi,
aber beschädigt und dezentriert. Das heißt, daß der Zuschauer vom
Schwindelgefühl angesichts der Abgründe der menschlichen Sexualität, die
der Film ihm vorführt, nicht suspendiert wird. Polanskis Heilung von der
Höhenangst besteht in der notwendigen Akzeptanz existentiellen Schwin-
dels, indem er den Zuschauer verunsichert.

Entgegen seinem Wunsch nach Wiedergutmachung wird der Zuschauer
des Polanskischen Films immer wieder Zeuge entropischer Prozesse gemäß
dem zweiten thermodynamischen Gesetz, demzufolge das Universum sich
unaufhaltsam in Richtung Unordnung bewegt. Das einfachste Beispiel hier-
für ist ein auf den Boden fallendes Glas, das zerspringt und nicht wieder ganz
wird. Interessanterweise hat Polanski in vielen seiner Filme eine »Bruch-

metapher« eingebaut: das Zerbersten von Glas oder von einem Spiegel oder das Eindringen einer Bedrohung durch Wand, Tür oder Fenster. Diese Metapher indiziert nicht nur die Fragilität menschlicher Ordnungen, sondern transportiert auch die zutiefst pessimistische Überzeugung, daß es keine Heilung gibt, wenn diese Ordnung einmal zerstört ist.

Überzeugungskraft hat diese physikalische Metapher der Entropie jedoch nur, weil sie einer psychischen Realität entspricht. Und hier ist sie ein Index für den traumatischen Schock, für den plötzlichen Einbruch von etwas Fremdem in eine scheinbar stabile und harmonische Ordnung. In dem kurzen Dokumentarfilm *Break Up The Dance* (1957) ließ Polanski ein ausgelassenes Studentenfest von einer Gruppe von Schlägern stören, die er eigens für diesen Zweck engagiert hatte. Es scheint, als habe Polanski ein geradezu experimentelles Interesse an den Auswirkungen des Schocks auf menschliche Gemeinschaften oder psychische Systeme gehabt.

In diesem Zusammenhang ist der geschlossenen Raum mehr als nur tradiertes Prinzip aristotelischer Dramaturgie. Er fungiert geradezu als Laboratorium, in dem die Reaktionen von Menschen beobachtet werden, wenn sie unter bestimmten Bedingungen aufeinanderstoßen. Räume wie Schiff, Wohnung, Insel, Burg, die traditionellerweise real und metaphorisch Schutz und Sicherheit garantieren sollen, werden zu Fallen. Wie für König Duncan das gastfreundliche Schloß von Macbeth zu einem Ort von Verrat und Mord wird, pervertieren die geschlossenen Räume in Polanskis Filmen regelmäßig zu Orten unentrinnbaren Terrors: Das gilt vom Segelschiff in *Das Messer im Wasser* über die Wohnung in *Ekel, Rosemaries Baby* oder *Der Mieter* bis zur Burg in *Wenn Katelbach kommt*. Orte sind Sackgassen, in denen die Individuen um ihr Überleben kämpfen. *Cul-de-Sac* ist der Originaltitel von *Wenn Katelbach kommt*: »Sackgasse«. Zur Sackgasse werden auch Polanskis Filme selbst, in deren zyklischer Struktur sich der Zuschauer gefangen findet.

Der Schock und die zentrale Bruchmetapher, Entropie, Zyklizität und die Skepsis des *bitter ending* eines verstörten Überlebens sind die basalen strukturellen Bestandteile der Gestalt, die sich zeigt, wenn wir die Filme Polanskis übereinanderkopieren und gleichsam vertikal betrachten. Der ihr zugrundeliegende *mythe personnel* ist das Traumatische. In der psychoanalytischen Theorie vom »psychischen Apparat« spricht man von einer semipermeablen Grenze zwischen Bewußtsein und Unbewußtem einerseits und zwischen Wahrnehmungsapparat und Realität andererseits, einem »Reizschutz« oder auch einer »Kontaktschranke«, die das Ich vor inneren oder äußeren schockartigen Eindrücken oder Impulsen schützt, die es nicht verarbeiten kann.

Das traumatische Durchbrechen oder die allmähliche Auflösung von Grenzen und die Zerstörung des Systems, das sie schützen, ist das latente Thema der Filme Polanskis, in welchem Gewand auch immer sie sich präsentieren mögen: im Gewand des Surrealen, des Grotesken, des Komischen, des Dramatischen, des Kriminologischen, des Melodramatischen oder des Psychologischen. Zum traumatischen Schema gehört auch die zyklische Struktur der Filmkompositionen als Repräsentation des Wiederholungszwangs, der ein Hauptcharakteristikum posttraumatischer Erlebnisverarbeitung beziehungsweise Nicht-Verarbeitung ist. Anstatt zu erinnern wird wiederholt, was zu einer Retraumatisierung führt. In diesem Zusammenhang sei noch einmal daran erinnert, wie Polanski dem Film *Chinatown* den Stempel seines *mythe personnel* aufgedrückt hat.

Polanskis Figuren können sich an keinem Ort und in keinem Raum sicher »verortet« fühlen – aber auch in keinem Körper und keiner Identität: »Mir wird ein Arm amputiert, gut. Ich sage: ich und mein Arm«, so überlegt Trelkovsky in *Der Mieter.* »Mir werden beide Arme amputiert. Ich sage: ich und meine beiden Arme. Mir werden beide Beine abgenommen. Ich sage: ich und meine Glieder. Der Magen, die Leber, die Nieren werden – angenommen, es sei möglich – entfernt. Ich sage: ich und meine Organe. Man haut mir den Kopf ab: was soll ich sagen? Ich und mein Körper oder ich und mein Kopf? Mit welchem Recht maßt sich mein Kopf, der doch auch nur ein Glied ist, den Titel ›ich‹ an?«

Wo ist das »Ich« verortet? Das ist die Frage, die Trelkovsky sich hier stellt. Der *mythe personnel* des Traumatischen läßt sich nicht in die symbolische Sprache übersetzen, in Polanskis Filmen gibt es keinen Ort, von dem aus das Subjekt sprechen könnte. Polanskis Figuren reagieren, aber sie sprechen nicht. Besonders deutlich ist dies in seinen frühen Filmen, vor allem den polnischen Kurzfilmen. In *Zwei Männer und ein Schrank* hat Polanski seine zentrale Aussage – die existentielle Unverortetheit inmitten einer feindlichen Welt – »poetisch«, »allegorisch« und »irrational« oder »surrealistisch« gefaßt, wie er die filmische Verfahrensweise in seiner Autobiographie selbst nennt.[3] Er verzichtet auf Dialoge und »interpunktiert« das Geschehen durch Geräusche und durch Musik. Auch in *Das Messer im Wasser* sind die Dialoge rar, es herrscht statt dessen eine Art Sprachlosigkeit vor. An die Stelle des Repräsentationsmediums der symbolischen Sprache tritt die masurische Seenlandschaft, eine Bilderwelt von bestürzender Schönheit und Weite, die gleichwohl Leere und Verlorenheit indiziert.

Auch in dieser Bilderwelt kommt der Polanskische *mythe personnel* zum Ausdruck. Das Meer scheint in Polanskis Filmen eine Metapher für Unbehaustheit und gleichzeitig für ein Eingeschlossensein in Unbehaustheit zu sein. Am poetischsten hat Polanski dies in *Zwei Männer und ein Schrank* dargestellt, indem sich die beiden Männer in einer regressiven Bewegung von einer zerstörerischen Welt zurückziehen und ins Meer zurückkehren, aus dem sie gekommen sind. So mag die Equivokation von *le mer* und *la mère* für den gebürtigen Franzosen Polanski nicht ganz unbedeutend gewesen sein.

Polanskis konservative filmische Erzählordnung scheint in krassem Widerspruch zu der entropischen Inhaltsstruktur des Erzählten zu stehen. Aber vielleicht ist gerade diese Diskrepanz von Erzählstruktur (Ordnung) und der Struktur des Erzählten (Entropie, Zerstörung) für Polanski die transzendentale Bedingung der Möglichkeit, dem traumatischen Erleben eine Form, einen Raum der Darstellung zu geben. Zum einen läßt sich die filmische Erzählordnung als »Container« verstehen, der die Destruktivität hält, transfor-

---

3   Vgl. Roman Polanski, *Roman Polanski*. Bern: Scherz 1984.

miert und kommunizierbar macht. Darüber hinaus – und das betrifft die Rezeption – ermöglicht diese Diskrepanz, aus dem Traumatischen eine *Erfahrung* zu machen. Walter Benjamin sah ein wesentliches Unterscheidungsmerkmal zwischen einem bloßen Erlebnis und einer Erfahrung im Moment des Schocks: Den Film ordnete er dem Erlebnis zu, dessen Schocks sich nicht zu einer Erfahrung umarbeiten ließen, denn Erfahrung sei an (reflexive) Arbeit, Kontinuität und Folge gebunden.

Vielleicht hatte Benjamin mit diesem Diktum nicht recht. Aber man könnte mit seiner Unterscheidung überlegen, ob Filme dann über die bloße »Zerstreuung« hinausgehen, wenn sie ihren eigenen Erlebnischarakter in Erfahrung zu überführen in der Lage sind. Polanskis Erzählordnung in ihrer Spannung zur erzählten Ordnung überflutet den Zuschauer nicht mit einem Übermaß an visuellen Schocks in Form von hektischen Schnitten, Tricks, Flashbacks usf. Sie erzeugt vielmehr eine sorgfältig kalkulierte Verunsicherung aus der Sicherheit des Erzählduktus heraus. Dadurch tritt an die Stelle des bloßen Thrills der Angstlust einer Geisterbahnfahrt die Erfahrung von Unsicherheit, was mehr ist als das Erlebnis des Schocks: Es ist die Erfahrung, daß es keinen Ausweg gibt, oder daß Katelbach eben nicht kommen wird.

Eine andere Verfahrensweise Polanskis, diesen Effekt von Unsicherheit zu erzeugen, ist der Witz, sein Hang zum Parodistischen und Komödiantischen trotz der Schrecken, von denen seine Filme erzählen. Das hebt den grundlegenden Pessimismus seiner Erzählungen nicht auf, sondern transzendiert ihn. Das Komödiantische und die Lust an der Verkleidung suspendieren Polanski von hintergründigem Sinn, von »Aussage« – mit Ausnahme der Aussage, daß es für den Menschen kein sicheres Wissen über sich selbst geben kann: »I don't want the spectator to think this or that. I simply want him not to be sure about anything. That's what's most interesting – the uncertainty«, sagte Polanski in einem Interview.

Betrachtet man Polanskis Filmographie jedoch *vertikal* in ihrer zeitlichen Aufeinanderfolge, zeigt sich der *mythe social*, in den der persönliche Mythos eingebettet war und der ihn modifizierte; denn Polanskis Filme paßten immer gut, fast zu gut in ihre Zeit: In den sechziger Jahren fanden wir die gängige »existentialistische« Maxime – der Andere ist die Hölle – in *Das Messer im Wasser* bestätigt, wir erlagen der Faszination des Schreckens in *Ekel* oder *Wenn Katelbach kommt*, amüsierten uns über die parodistische Aufarbeitung des Horrors in *Tanz der Vampire* und sahen mit Vergnügen, wie der aus Königsberg stammende professorale Aufklärer das Vampirschloß verläßt, den gestirnten Himmel über sich, das moralische Gesetz in sich und einen ahnungslosen Alfred hinter sich, der im nächsten Moment Opfer des Vampirismus sein wird. Wir hörten dazu die Stimme aus dem Off: »In jener Nacht, auf der Flucht aus den Südkarpaten, wußte Professor Abronsius noch nicht, daß er das Böse, das er für immer zu vernichten hoffte, mit sich schleppte. Mit seiner Hilfe konnte es sich über die ganze Welt ausbreiten.« Was für eine meisterhafte Inszenierung einer genial verkürzten »Dialektik der Aufklärung«!

Wir waren und sind mit Recht immer noch fasziniert von diesen Filmen, aber zur Zeit ihrer Entstehung bemerkten wir nicht, wie stark sie auch Ausdruck einer posttraumatischen sprachlichen Repräsentationsnot waren.[4] Allerdings wollte Polanski selbst seine Filme in keinerlei biographischen oder allgemein historischen Zusammenhang gestellt sehen. Wenn jedoch eine Figur prototypisch ist für das 20. Jahrhundert, dann ist es Roman Polanski. Als Überlebender des Holocaust wollte er ihn ebenso hinter sich lassen und vergessen machen wie die westliche Kultur insgesamt. Bei aller Originalität assimilierten seine Filme die Zeitströmungen, griffen das absurde Theater eines Beckett oder Ionesco und den Existentialismus eines Sartre oder Camus auf, paßten sich dem Hedonismus der Sechziger, dem Hollywoodkino und der Angstlust des Publikums an.

Daneben aber hielten sie strukturell konsequent am traumatischen Schema fest: den Brüchen und Einbrüchen des Schocks, dem Wiederholungszwang von Schuld, Perversion und Gewalt. Sie zeigten sich immer fasziniert vom Bösen und hielten die Kamera erbarmungslos auf seine Mechanismen. Nicht die Entropie ist für Polanski das Böse, sondern das, was Aggression und Zerstörung auslöst: die Überzeugungen, Ideologien und Religionen der Menschen, also die vermeintlichen Gewißheiten ihres Denkens: »But, wherever you go, the seed of evil is within the way the human being thinks, the way he takes things for granted. Certainty, I would say, is the seed of evil«, sagt Polanski in einem Interview. Und in einem anderen stellt er fest: »For example, Hitler must have been very certain about his ideas; he must have been convinced he was right. Because I don't believe he did anything without believing in it; he couldn't have done it otherwise.«

Die Gewißheit, daß es die gewaltsame Durchsetzung der »Gewißheiten« ist, die die Menschen einander auslöschen läßt, ist das Ergebnis der historischen Erfahrung des Holocaust. Es hat fünfzig Jahre gedauert, um seine Schrecken aus ihrer unrepräsentierbaren Abwesenheit zu holen und beim Namen zu nennen, sie im wahrsten Sinne des Wortes zu realisieren. Auf diese Weise spiegelt Polanskis Filmographie die allgemeine historisch-kulturelle Bewegung von der Verwerfung zur Erinnerung des Holocaust wider. Polanski hat, genau wie die Gesellschaft insgesamt, lange gebraucht, sich dem Holocaust als Thema, das unser aller wie sein ganz persönliches ist, anzunähern: dem Zivilisationsbruch, den unsere westliche Kultur an sich selbst erfahren hat.

In *Der Tod und das Mädchen* (1994) hat sich Polanski erstmals mit dem Thema schwerer Traumatisierung durch ein politisches System und der Auseinandersetzung des Opfers mit dem Täter befaßt, allerdings verlagert in die postdiktatorische Zeit eines südamerikanischen Landes. Es wäre interessant, diese Annäherung genauer zu analysieren, denn der Film schlägt eine Brücke zu *Der Pianist* und bereitet ihn gleichsam vor. Als Polanski die Regie von

---

[4] Vgl. Annegret Mahler-Bungers, *Die Darstellung des Holocaust als unbewußter Konflikt – am Beispiel Paul Celan.* In: Marianne Leuzinger-Bohleber u. a. (Hrsg.), *»Gedenk und vergiß – im Abschaum der Geschichte«.* Tübingen: edition diskord 2001.

Schindlers Liste angetragen wurde, lehnte er ab. Der Film spielt zum großen Teil im Krakauer Ghetto, und das war Polanski zu nah. Ein paar Jahre später wurde er auf das Buch des polnisch-jüdischen Pianisten Władysław Szpilman über dessen Überleben im Warschauer Ghetto aufmerksam gemacht. Einerseits wollte Polanski eine historisch authentische Überlebensgeschichte erzählen, und die schien das bereits 1946 geschriebene Buch von Szpilman bereitzustellen. Andererseits hat Polanski in *Der Pianist* eine weit über die literarische Vorlage hinausgehende persönliche Aussage machen können, die in dieser Weise weder von ihm selbst noch von irgend jemand anderem direkt nach dem Krieg hätte gemacht werden können.

Das Besondere und Neue von *Der Pianist* ist, daß alle strukturellen Elemente von Polanskis bisherigem Filmwerk in die historische Realität, der sie entstammen, zurückübersetzt werden. Der Bruch *ist* der Überfall Polens durch die Deutschen und die Verfolgung und Vernichtung der Juden, der geschlossene Raum *ist* das Ghetto und das Versteck in der Verfolgung, die Entropie *ist* die Zerstörung der Stadt, *bitter ending* und Zyklizität *sind* das zutiefst beschädigte Überleben. Wie in einer Analyse wird ein zur Struktur geronnenes Symptom durch Erinnerung ersetzt.[5] Eben dieser Erinnerungsprozeß macht nun die zentrale Aussage des Films möglich, die nicht nur Polanskis Filmwerk, sondern unsere gesamte Kultur betrifft. Dies läßt sich an den entscheidenden Musikszenen des Films demonstrieren.

Der Film beginnt damit, daß Szpilman im Radio Chopins Nocturne b-moll, Op. 9, Nr. 1, spielt. Es ist von großer Bedeutung, daß Szpilman in dieser Szene über Radio mit der Welt verbunden ist. Auch diese Verbindung wird abrupt durch das Bombardement Warschaus unterbrochen, obwohl Szpilman zunächst versucht, mit seinem Konzert fortzufahren. Wenn der Kern des individuellen Traumas der plötzliche Verlust des »inneren Anderen« als eines »receptive mind« ist, so zeigt diese Anfangsszene etwas weit darüber Hinausgehendes, nämlich das, was mit dem Wort »Zivilisationsbruch« gemeint ist: der Verlust des »kulturellen Anderen«, der Verlust des Vertrauens in das, was unsere Zivilisation ausmacht, in den *contrat social*.

In einer eindrucksvollen Szene gelingt es Polanski zu zeigen, wie Szpilman trotz traumatischer Verluste, Verfolgung und äußerster Isolation sein psychisches Überleben sichert, indem er an der Repräsentanz einer kulturellen Matrix festhält, die er gleichsam als inneres Objekt durch Imagination aufrechtzuerhalten sucht. Verfolgt, aus dem Ghetto geflohen und in einer Wohnung versteckt, nimmt er in der Phantasie eine innere Verbindung zu einem ganzen Orchester auf und musiziert imaginär als Solist in der Gemeinschaft vieler, die akustisch, wenn auch leise, für den Zuschauer zu hören sind, während

---

[5] Für Polanski ist es interessanterweise die *Verbalisierung* gewesen, die einen kathartischen Erinnerungsprozeß in Gang gesetzt hat, wie in der *talking cure* der Analyse. In einem Interview zu *Der Pianist* sagte er: »Filming is not so hard in the sense that here we have actors, costumes, make-up and artefacts, but scripting it …! That was the worst. It was much harder for me writing these scenes because it unearthed so many feelings that I had forced myself to bury a long time ago.«

der Klavierpart laut ertönt und Szpilmans Finger über die Tastatur gleiten, ohne sie zu berühren. Es ist die Grande Polonaise in Es-Dur, eine der wenigen Kompositionen Chopins, in denen er das Klavier von einem Orchester begleiten läßt. Die Auswahl dieser Musik für eine Inszenierung innerer Verbundenheit mit dem kulturellen Anderen in der desperaten Situation von Verfolgung, Isolation und Todesangst ist meisterhaft. Physisch kann Szpilman letztlich jedoch nur überleben, weil er am Rande der Vernichtung dem kulturellen Anderen in der Person des deutschen Offiziers Wilm Hosenfeld tatsächlich begegnet, dem er vorspielt, der ihm zuhört und der ihn schließlich mit Nahrung versorgt bis zur Befreiung Warschaus durch die russische Armee.

Die letzte Szene des Films knüpft auch zyklisch an den Filmbeginn an, denn wieder spielt Szpilman für ein großes Publikum, aber diesmal in einem Konzertsaal, und diesmal spielt er kein Solostück, sondern eben jene Grande Polonaise für Klavier und Orchester, die er in seiner Phantasie gespielt hatte, als er sich in der Wohnung versteckt hielt. Das Filmende von *Der Pianist* ist, verglichen mit dem von *Chinatown*, aber auch mit sämtlichen anderen Schlüssen in Polanskis Werk, geradezu triumphal. Der Zuschauer weiß um die Verluste, die Szpilman erlitten hat: um die Auslöschung seiner gesamten Familie und seiner Freunde im Vernichtungslager von Treblinka. Es gibt wohl keinen Zuschauer dieses Films, der nicht mit einem Gefühl der Verstörung zurückbliebe. Denn was der Zuschauer längst wußte, wird in diesem Film zu einem kathartischen Erinnern, einem kathartischen *Erleben*, im Gegensatz etwa zu dem musealen Erinnern an Holocaustgedenktagen. Aber wenn wir die mit Crescendo aufsteigende, jubilatorische Musik des Orchesters in Es-Dur und dann den kräftigen Dur-Akkord des Klaviereinsatzes hören, wenn wir den Schwenk auf das Konzertpublikum und den Abspann sehen mit den über die Hände des Pianisten hinweglaufenden *Credits*, so scheint es, als habe Polanski mit diesem Ende die Voyeure des Schreckens, die seine früheren Filmenden bevölkerten, verabschiedet und durch »kulturelle Andere« ersetzt.

Orientalismus

vorab:

der orient
sagten mir meine studenten
sei ein konstrukt
eine erfindung
des westens

nichts davon
sei wahr
man finde nur
was man suche

das wüßte man
in der physik
schon längst
ah, sagte ich

weiter:

klar, mir gefällt der blick aus meinem zimmer
auf die große moschee von tanger
der turm erleuchtet in der nacht
und gegen den muezzin
der einen frühmorgens aufweckt
nichts einzuwenden

in m'sallah, wo ich vorher wohnte
hörte ich mehrmals am tag
wenn sie die toten
nicht zum waschen, wie ich dachte
sondern zum beten
dort in die moschee brachten

dann reckte ich meinen kopf aus dem fenster
so nett anzusehen die träger
das grüne tuch über dem leichnam
die golden eingestickte schrift, der monotone singsang
eine sure aus dem koran
nichts einzuwenden

mir gefällt auch der gedanke an frischen honig
den sie den toten in den mund träufeln
dazu ein paar tropfen wasser
gegen den satan, um die geister zu vertreiben
die vom weg zu allah abbringen könnten
so jedenfalls habe ich es gelesen

zwischendurch:

klar, zu hause
würde man den pfarrer
wenn er vom kirchturm fünfmal täglich
das ave maria beten würde
früher oder später
erschießen wollen

aber mir gefallen die osterprozessionen
die semana santa in sevilla zum beispiel
das gedränge, das getrampel der menschenmenge
der kitsch, die bigotte hysterie, die inbrunst
natürlich die heilige jungfrau auf den schultern starker männer
so ist das nicht

weiter:

ich mach noch einen schritt
ich muß nämlich gestehen
ich hab eine vorliebe für waffen
vorzüglich für das maschinengewehr
mir gefallen diese männer
die dieses ding so martialisch
wie eine gefährtin in händen tragen
und mit ihr so hart im anschlag schön posieren

selbst wenn diese männer bart tragen
kaftan oder jellabah
es ist ein schöner anblick
die wilden männer in der wüste
(nicht die märtyrer mit dem tuch um den schädel
das ist eine schreckliche ästhetik)
es ist der ausblick auf den kampf
den großen kampf gegen das böse böse
den niemand mehr führen möchte
jedenfalls nicht im goldenen westen
wo alle nur noch demokratisch sind

klar, viele werden sagen, das ist hirnrissig
den saulus zum paulus zu machen
die leute, die als erstes an deine tür klopfen
wenn es soweit ist, wenn ihre stunde geschlagen hat
das irdische armageddon rollt
die säuberung von allen ungläubigen
das blut im namen gottes fließt
wie so oft in irgendeinem namen

hinterher:

da bleibt einem nur
sich den eigenen tod recht hübsch vorzustellen
wie im haus gegenüber etwa
als der nachbar vor kurzem
plötzlich
frühmorgens am herzinfarkt
ganz schnell hinübersegelte

zwei tage alle türen offen
kommen und gehen
im salon die frauen
die männer abseits im anderen zimmer
alle mußten brot und honig essen
aus einem riesigen pott
die bösen geister wieder?

am dritten tag
durfte im haus wieder gekocht werden
essen und trinken, familie und freunde
hundert, hundertfünfzig
zweihundert menschen?
und natürlich aus dem koran gesungen
stundenlang stundenlang
daß mir ganz schwindelig wurde

das klappern aus der küche
der femmes de ménage
kam laut bis in mein zimmer hoch
als würden sie neben mir stehen
die schwitzenden jungen mädchen
vor meinen augen der dampf im salon
vom essen, von den menschen
von der luftfeuchtigkeit des winters

jetzt höre ich die kinder
draußen vor der tür
tanzen schreien laufen spielen
als wärs keine beerdigung
als wäre niemand gestorben
als würde es einfach weitergehen
klar, irgendwie denkt man
so könnte der eigene tod sein
auch wenn man unter der erde liegt

jetzt haben sie aufgehört zu singen
vielleicht essen sie wieder
es ist so still plötzlich
das große gemurmel ist weg
nur die kinder aus der ferne
für sie geht es noch lange so weiter
von einem fest zum anderen
bis zu meinem
bis zu deinem
bis zu ihrem eigenen
es ist 22 uhr 14 und 35 sekunden
montag, den 27 januar 2003

schluß

Rechtskolumne

Über die Parteienfreiheit

VON HORST MEIER

Über jene Organisation, die sich »Nationaldemokratische Partei Deutschlands« nennt, muß man kein Wort mehr verlieren – trotz einiger Prozentpunkte bei der einen oder anderen Landtagswahl. Hat sich doch seit dem Ende des Verbotsverfahrens ganz beiläufig gezeigt, daß die deutsche Demokratie – aber auch hiesige Minderheiten! – die Existenz dieser »unerträglichen« Partei gut aushalten können. Wie aber steht es um die Freiheit von Opposition? Darf der Verfassungsschutz Organisationen, nur weil sie von der Regierung als »extremistisch« eingestuft werden, heimlich ausforschen und mit V-Leuten infiltrieren? Was macht Parteipolitik zu einer öffentlichen Gefahr? Genügt anstößige »verfassungsfeindliche« Propaganda? Oder muß politisch motivierte Gewalt im Spiel sein? Wie weit also darf legale Opposition gehen? Solche Fragen wurden durch den Verbotsantrag gegen die NPD zwar aufgeworfen, indes nicht einmal ansatzweise geklärt.

Aber ist es nicht an den Haaren herbeigezogen, ausgerechnet die NPD unter dem Stichwort Opposition zu nennen? Wer so fragt, legt stillschweigend einen idealistischen Begriff von Opposition zugrunde. Unter Opposition versteht man besser jede organisierte politische Aktivität, die sich gegen die Regierung richtet – einerlei, ob darin Links- oder Rechtsradikalismus, Reformismus oder Systemgegnerschaft, loyale Opposition oder »Opposition aus Prinzip« zum Ausdruck kommt. Anders gesagt: Der Begriff der Opposition ist nicht inhaltlich, sondern formal zu bestimmen. Opposition ist der mehr oder weniger radikale Gegensatz zur jeweiligen Regierung, sie ist der Widerpart im Konkurrenzkampf um die politische Macht.

Daß Opposition auch nicht mehr das ist, was sie einmal war, ist oft beklagt worden. Vor Jahr und Tag vertrat der deutsch-amerikanische Jurist und Politologe Otto Kirchheimer mit Blick auf das westdeutsche Parteiensystem eine bestechende Verfallsthese: »Germany: The Vanishing Opposition«.[1] Natürlich kann man die Wandlungen der politischen Opposition diskutieren oder die Tendenz der staatlich subventionierten Parteien beschreiben, zu »quasi-offiziellen Apparaten« zu mutieren. Doch eine andere, spezifisch verfassungsrechtliche Frage gilt dem Problem, welchen Freiheitsspielraum Opposition im demokratischen Staat beanspruchen kann. Das Verbotsverfahren gegen die NPD lieferte in dieser Hinsicht reichlich Zündstoff.

Wie spektakulär der Einstellungsbeschluß des Bundesverfassungsgerichts vom 18. März 2003 im Grunde war, drang zwei Tage vor Beginn des Irakkriegs nicht ins Bewußtsein. Daß sich Bundesregierung, Bundestag und Bundesrat in einträchtiges Schweigen hüllten, ist angesichts ihres Debakels verständlich. Aber nicht nur die Allparteienkoalition gegen rechts, auch Wissenschaft und Publizistik ließen das Thema fallen. Dabei käme es darauf an, wenigstens im nachhinein zu verstehen, warum dieses Verbotsverfahren eines war, das es nie hätte geben dürfen.

Als das Treiben der V-Leute publik geworden war und das Verfassungsgericht mit einem Paukenschlag sämtliche Verhandlungstermine aufhob, setzte

---

[1]   In: Otto Kirchheimer, *Politische Herrschaft*. Frankfurt: Suhrkamp 1967.

zwar eine gewisse Irritation ein: Ausgerechnet die Fortschrittlichen unter den
Befürwortern des Verbots sahen sich mit
jenen traurigen Gestalten im Bunde, vor
denen sie seit Jahr und Tag gewarnt hatten. Und so nahm das, was man seither
einigermaßen zerknirscht das »Desaster
mit dem NPD-Verbot« nennt, seinen
Lauf. Aber Schuld daran waren natürlich
die anderen. Hat nicht, fragen viele, der
Verfassungsschutz alles verdorben? Damit ließe sich wirklich gut leben. Doch
zählen die Pannen dieses Geheimdien-
stes zu den harmlosen Skandalen. Das
gilt auch für die Randexistenz jener, die
man hierzulande »Extremisten« nennt.
Höchste Zeit also, das Verfassungsver-
ständnis der Mehrheitsparteien unter
die Lupe zu nehmen: Der gar nicht wahr-
genommene, der notorische Skandal des
bundesdeutschen Extremismus beginnt
dort, wo ihm »streitbare« Demokraten
juristisch ein Ende bereiten.

Das Unbehagen am Verbieten, das inzwischen Freund und Feind befallen hat,
eröffnet unverhofft die Möglichkeit, das
Verhältnis des deutschen Staates zu seinen organisierten Gegnern aufzuklären
und leidlich zu entspannen. Andernfalls
werden bei nächster Gelegenheit die
alten Fehler gegen neue Extremisten nur
variiert – gegen Islamisten, »Haßpredi-
ger« oder andere einschlägig Verdächtige.

Man soll sich nicht täuschen lassen:
Entgegen allem Anschein geht es bei der
Frage des Parteiverbots nicht um »Extremisten« oder den Verfassungsschutz,
sondern um das Recht auf Opposition.
Dieses Recht ist nicht eines wie andere
auch, es zählt zur »freiheitlichen demokratischen Grundordnung«, die das Verfassungsgericht in den Verbotsurteilen
gegen SRP und KPD näher definierte.
»Streitbare« Demokratie funktioniert
so: Das Recht auf Opposition wird geschützt, indem man bestimmte Opposi-
tionsparteien verbietet, die eines Tages
das Recht auf Opposition beeinträchti-
gen könnten.

Organisierter Protest und öffentlicher
Widerspruch, Gesetzesinitiativen und

ziviler Ungehorsam – eben die Verlaufs-
formen der parlamentarischen und au-
ßerparlamentarischen, ja antiparlamen-
tarischen Opposition sind der Test auf
das demokratische Selbstverständnis
einer Gesellschaft. Es bleibt nachhaltig
gestört, solange jede Opposition, die sich
aus der Zone der gemäßigten Kritik
wagt, vor allem eines provoziert: die re-
flexhafte Frage, ob solches Treiben nicht
unverzüglich verboten gehöre.

Erinnert sich noch jemand an die »Republikaner«? Wachsamkeit und penible
Ausforschung durch den Verfassungsschutz waren das mindeste, das man dieser Partei schuldig zu sein glaubte. Heute, fünfzehn Jahre später, hat man alle
Mühe, diese aufgeregte Debatte überhaupt zu verstehen. Das gleiche Staunen
befällt einen, denkt man an die anderen
Phasen der innerstaatlichen Feinderklä-
rung. Einerlei ob SRP und KPD, NPD
und DKP, ob »Republikaner« und PDS
und neuerdings wieder die NPD ins Vi-
sier geraten – seit den fünfziger Jahren
des vorigen Jahrhunderts immer wieder
das gleiche Bild: Die Verächter der bis
heute ungewöhnlich stabilen bundes-
republikanischen Ordnung sind bedeu-
tungslos und objektiv ungefährlich. Das
steht auf groteske Weise in Widerspruch
zu dem rhetorischen und bürokratischen
Ausgrenzungsaufwand, der gegen sie betrieben wird.

Im Verfahren gegen die NPD war das
von Anbeginn zu besichtigen. Der Eröff-
nungsbeschluß, den die Richter und
Richterinnen des Zweiten Senats im Ok-
tober 2001 fällten, kam den Antragstel-
lern sehr weit entgegen. Eine Verhandlung ist durchzuführen, wenn der Antrag zulässig und »hinreichend begründet« ist, heißt es im Gesetz über das
Bundesverfassungsgericht. Es müssen
also Tatsachen vorgetragen werden, die
den qualifizierten Verdacht begründen,
die betreffende Partei gehe »nach ihren
Zielen oder nach dem Verhalten ihrer
Anhänger darauf aus, die freiheitliche
demokratische Grundordnung zu beein-
trächtigen oder zu beseitigen« (Artikel
21 Grundgesetz).

Musik in der edition text + kritik

Hanns-Werner Heister /
Walter-Wolfgang Sparrer (Hg.)
**KOMPONISTEN DER
GEGENWART – KDG**
Loseblatt-Lexikon
etwa 6.000 Seiten in sechs Ordern
€ 112,50/sfr 183,50

KOMPONISTEN DER GEGENWART
ist das einzige Lexikon in Lose-
blattform, das über alle wichtigen
Komponisten seit Beginn des
20. Jahrhunderts ausführlich und
aktuell informiert.

»Die Ausführung erstaunt durch
die Internationalität der Auswahl
und durch die Konzentration
der meisten Beiträge auf Wesentliches. Ein großer Wurf.«
(Prof. Dr. Wolfgang Burde)

Die Reihe **Musik-Konzepte**
erscheint mit vier Nummern im Jahr.
Alle Hefte können einzeln oder im
vergünstigten Abonnement (€ 45,--/
sfr 75,20 jährlich; für Studierende
€ 32,--/55,60) bezogen werden.

Musik-Konzepte
Herausgegeben von Ulrich Tadday

Heft 125/126
Der späte Hindemith
etwa 160 Seiten, ca. € 18,--/sfr 31,90
ISBN 3-88377-781-1

Paul Hindemith zählt zu den
umstrittensten Komponisten des
20. Jahrhunderts. Urteile über sein
Werk sind häufig Vorurteile. Dieser
Band beschäftigt sich mit dem weniger bekannten Spätwerk Hinde-
miths, das sich durch seine große
Vielfalt auszeichnet.

Sonderband
Wolfgang Rihm
etwa 120 Seiten, ca. € 15,--/sfr 26,90
ISBN 3-88377-782-X

Dieser Band ist einem der bedeutendsten Komponisten Neuer Musik
der letzten Jahrzehnte gewidmet.

edition text + kritik
Postfach 80 05 29 | 81605 München | Levelingstraße 6a | 81673 München
info@etk-muenchen.de | www.etk-muenchen.de

Duncker & Humblot – Novitäten Herbst 2004

Indes war von einer Gefährdung der Staatsordnung auch im jüngsten Fall keine Rede. Es wurde nichts substantiell Neues gegen die 1964 gegründete NPD vorgebracht. Die Anträge boten, kurz gesagt, nicht mehr als einen Sack voll widerlicher Zitate. Das Verbot einer Partei aber, der außer Parolen nichts Handfestes vorzuwerfen ist, ist faktisch nicht notwendig und juristisch fragwürdig.[2] Doch zu einer Entscheidung in der Sache kam es gar nicht. Nachdem bekannt geworden war, daß hochrangige Parteifunktionäre viele Jahre als V-Leute geführt und die Verbotsanträge teilweise mit deren Äußerungen begründet worden waren, platzte das ganze Verfahren. Die Verfassungsrichter setzten einen Erörterungstermin an, berieten die vertrackte Lage und stellten dann den Prozeß ein: »unbehebbares Verfahrenshindernis« hieß die Diagnose.

So zeitigte der Versuch, die NPD in die Illegalität zu drängen, eine schöne Pointe: Die Mehrheitsparteien waren ausgezogen, den »Kampf gegen rechts« zu führen. Von einer Moral »der Anständigen« war die Rede. Doch auf einmal saßen nicht rechtsradikale Finsterlinge auf der Anklagebank, sondern die »Vertrauensleute« der Ämter für Verfassungsschutz. Leider gaben die Innenminister, denen diese Behörden unterstehen, schlechte Verlierer ab. Sie beschwichtigten oder schoben sich gegenseitig den Schwarzen Peter zu. Dabei kann man dem Scheitern der Verbotspolitik durchaus einen Kollateralnutzen abgewinnen: Der staunende Blick auf die Routine des ganz gewöhnlichen Verfassungsschutzes hilft, die Parteienfreiheit neu zu bestimmen.

Nach der Entscheidung aus Karlsruhe ist fraglicher denn je, ob es mit dem Recht auf Opposition vereinbar ist, daß die Regierung ihr verdächtig erscheinende Parteien systematisch durch einen Inlandsgeheimdienst ausforschen läßt. Nun ließ die aus prozeßrechtlichen Gründen ausschlaggebende Minderheit von drei Verfassungsrichtern diese Frage zwar ausdrücklich offen. Aber sie begründete die Einstellung des Verfahrens immerhin mit dem Befund, daß man vor lauter V-Leuten nicht sicher unterscheiden könne, was an der NPD authentische, selbstbestimmte Partei und was an ihr womöglich fremdbestimmte Staatsveranstaltung ist.[3]

Eine Sekte von Rechtsradikalen unter verdecktem Staatseinfluß? Dieser auf den ersten Blick abenteuerliche Verdacht wird verständlich, macht man sich klar, was den Einsatz sogenannter nachrichtendienstlicher Mittel ausmacht. Nach den Gesetzen über den Verfassungsschutz ist neben dem Einschleusen von bezahlten V-Leuten nicht nur die Beschattung, das heimliche Fotografieren, das Belauschen und Aufzeichnen von Gesprächen in Privatwohnungen erlaubt, sondern auch die Überwachung des Brief- und Fernmeldeverkehrs. All dies richtet sich wohlgemerkt nicht gegen die organisierte Kriminalität, sondern gegen Parteien, denen unterstellt wird, ihre an sich legale Tätigkeit laufe in Wirklichkeit auf »Bestrebungen« hinaus, die »freiheitliche demokratische Grundordnung« zu unterwandern.

Was sich da zwischen diversen Verfassungsschutzämtern und ihrer Extremistenklientel über Jahrzehnte entwickelt hat, sucht seinesgleichen.[4] Symbiose wä-

---

[2] Vgl. Horst Meier, »Ob eine konkrete Gefahr besteht, ist belanglos«. In: *Leviathan*, Nr. 4, Dezember 2001.

[3] Für Entscheidungen zum Nachteil einer Partei ist »in jedem Fall« eine Zweidrittelmehrheit notwendig (Paragraph 15 des Gesetzes über das Bundesverfassungsgericht). Der Antrag der NPD, das Verfahren einzustellen, hätte daher – insoweit herrschte Einigkeit im Zweiten Senat – nur mit mindestens sechs Stimmen zurückgewiesen werden können.

[4] Eine schöne Geschichte der Bespitzelung, geschrieben aus der Binnensicht deutscher Sicherheitsapparate, bietet Hans Joachim Schädlich, *Tallhover*. Reinbek: Rowohlt 1986. Zum neuesten Stand vgl. Rolf Gössner, *Geheime Informanten*. München: Knaur 2003.

re vielleicht zuviel gesagt, aber eine Art gemütlicher Koexistenz stellt man sich vor, hört man die »abgeschalteten« Vertrauensleute aus dem Nähkästchen plaudern. Da stehen zwei am Fluß und angeln oder gehen gepflegt ins Theater: Es ist der V-Mann-Führer mit seinem Schützling. Wohl nirgendwo sonst werden so wenig »Extremisten« von so viel Geheimdienstlern betreut. Das bleibt nicht ohne Folgen.

Parteien sind freie gesellschaftliche Zusammenschlüsse. Sie strukturieren die politische Willensbildung des Volkes, ja machen sie weitgehend erst möglich. Daraus folgt das Gebot »strikter Staatsfreiheit«, sagen die Richter und messen dem im Verbotsverfahren eine besondere Bedeutung bei: Sei dort geheimdienstliche Manipulation zu besorgen, treffe das die Parteienfreiheit im Kern – weil das vorgetragene Belastungsmaterial der Partei nicht eindeutig zugerechnet werden könne. Ein fairer Prozeß ist auch deshalb nicht möglich, konstatieren die Richter, weil sogar noch bis in das Verbotsverfahren hinein V-Leute aktiv gewesen sind; deshalb sei nicht auszuschließen, daß man die Verteidigungsstrategie der Partei ausgeforscht und ihre Selbstdarstellung beeinflußt habe.

Warum rechtsstaatlich penible Verfassungsrichter lieber die Akten schließen statt sich in dem Sumpf aus Kleinstparteien und Geheimdiensten auf eine Beweisaufnahme einzulassen, zeigte sich während des Erörterungstermins.[5] Immer wieder kamen von der Richterbank Fragen zu der von den Verbotsbetreibern genannten magischen Zahl: Stets unter 15 Prozent habe zuletzt der Anteil der V-Leute in den Führungsgremien der Partei gelegen. Als man sich obendrein veranlaßt sah zu beteuern, die vor dem »Hohen Gericht« auftretenden Anwälte der NPD seien keine V-Leute, war für einen beklemmenden Augenblick das ganze

Ausmaß der geheimdienstlichen Kontamination zu ahnen. Ein faires Verfahren kann unter solchen Bedingungen nicht geführt werden. Im Bodenlosen ist kein rechtsstaatlicher Halt.

Vier Richter des Zweiten Senats wollten trotz alledem weiterprozessieren. Sie sahen kein Verfahrenshindernis; legten aber nicht überzeugend dar, wie denn ordentlich Beweis erhoben werden soll, wenn die auf »Quellenschutz« bedachten Innenminister nicht einmal bereit sind, ihre V-Leute in öffentlicher Verhandlung namhaft zu machen.

Hinter der höchstrichterlichen Kontroverse um die verfahrensrechtliche Bedeutung der V-Leute verbirgt sich ein Grundsatzstreit. Die Debatte, die seit den sechziger Jahren zwischen autoritärem und liberalem Staatsverständnis geführt wurde, hat in den gegenläufigen Argumenten der Verfassungsrichter Spuren hinterlassen: Während die einen vorsichtig auf Distanz zum Parteiverbot gehen, halten die anderen an der »streitbaren« Demokratie fest – zum Beispiel indem sie sich demonstrativ auf das KPD-Verbotsurteil von 1956 beziehen. Darin hatte der präventive, auf vage Fernziele einer Partei fixierte Verfassungsschutz seinen Höhepunkt gefunden. Doch Maßstäbe, die im Kalten Krieg entwickelt wurden, sind für das heutige Verständnis von Demokratie indiskutabel. Eingriffe in die Oppositionsfreiheit sind nur dann gerechtfertigt, wenn sie der Abwehr konkreter Gefahren dienen.

Das führt, rechtspolitisch gewendet, zu maßvollen Reformvorschlägen. Bereits im Streit um die Bespitzelung der »Republikaner« wurde angeregt, die Aktivitäten des Inlandsgeheimdienstes eng an richterliche Kontrolle und ein konkretes Verbotsverfahren zu binden: Zum einen dürfte die Überwachung radikaler Parteien nur erlaubt sein, wenn sie zuvor von einem Verwaltungsgericht

---

5   Vgl. Hans Lisken, *V-Leute im Verfassungsprozeß*. In: *Zeitschrift für Rechtspolitik*, Heft 2, Februar 2003.

angeordnet wurde. Zum anderen müßten die Verfassungsschützer darauf verpflichtet werden, nach spätestens anderthalb Jahren einen Bericht vorzulegen, aus dem klipp und klar hervorgeht, ob sich der anfängliche Verdacht, die betreffende Partei sei verfassungswidrig, bestätigt hat. Sodann haben die Verantwortlichen sechs Monate Zeit, einen Verbotsantrag zu stellen. Tun sie dies nicht, ist die Überwachung der verdächtigten Partei unverzüglich einzustellen.[6] Das ist ein guter Reformvorschlag. So gut, daß er selbst unter rot-grünen Vorzeichen keine Aussicht hat, verwirklicht zu werden.

Innenpolitiker denken allenfalls darüber nach, wie das Nebeneinander von sechzehn Landesämtern und einem Bundesamt für Verfassungsschutz besser koordiniert werden könnte. Manche lassen durchblicken, es sei effektiver und kostengünstiger, die Landesämter in einem einzigen Bundesamt zusammenzufassen. Darin erschöpft sich indes die ganze Reformkraft. Die westdeutsche Institution namens Verfassungsschutz, ein Gewächs der Reeducation, das seit 1950 wuchert, gilt nach wie vor als unverzichtbar. Das läßt nichts Gutes ahnen. Daß sich die politisch Verantwortlichen den nächsten Verbotsantrag verkneifen oder wenigstens besser überlegen, darf man hoffen, aber nicht erwarten. Wo Ausgrenzungsbereitschaft endemisch ist, finden sich immer Wege.

Wer fragwürdigen Verbotsanträgen vorbeugen möchte, muß schon bei den Grundlagen ansetzen. Anstatt über Extremisten und Sektierer zu lamentieren, die jede Gesellschaft hervorbringt und gerade in Parlamenten mit Anstand zu verkraften hat, sollten Demokraten ihr Verständnis von Opposition radikal befragen: Kann das Parteiverbot so, wie es im Grundgesetz von 1949 als Ausnahmerecht, als potentielle Rücknahme von

Freiheit formuliert wurde, heute noch Bestand haben?[7] Soviel ist sicher: Wer demokratische Normalität praktizieren will, muß bereit sein, ein wohlkalkuliertes Risiko einzugehen.

Natürlich kommt das denjenigen zugute, die so viel Freiheit angeblich gar nicht verdienen. Warum eigentlich nicht? Die Herrschaft der Majorität unterscheidet sich von jeder anderen Form der Herrschaft dadurch, schreibt Hans Kelsen in seinem Aufsatz *Staatsform und Weltanschauung* (1933), »daß sie eine Opposition, weil eine Minorität, nicht nur begrifflich voraussetzt, sondern auch als politisch berechtigt anerkennt, ja sogar schützt«: Die Demokratie entwickelt Institutionen, die das Existenzrecht und die Betätigungsmöglichkeiten von religiösen, ethnischen oder sonstigen Minderheiten garantieren.

Praktisch ist damit die Aufgabe gestellt, jede noch so anstößige Artikulation friedlicher Opposition als integralen Teil des politischen Wettbewerbs um Ideen und Mehrheiten zu begreifen. Erst da, wo Opposition in organisierte Gewalt umschlägt, hört sie auf, verfassungsmäßig zu sein. Diese Grenze läßt sich politisch neutral bestimmen. Man muß nur grundlegend zwischen Form und Inhalt der Politik unterscheiden. Die Grenze von Opposition ist also nicht mit Blick auf inhaltlich anstößige Propaganda zu ziehen. Sie ist vielmehr verhaltensbezogen als gewaltsamer Bruch der demokratischen Spielregeln zu bestimmen. Auf diese Weise läßt sich mit den meisten »Extremisten« ganz gut auskommen. Der militante Bodensatz, bei dem sich das Gefahrenpotential einer Organisation mit politisch motivierter Gewalt verbindet, ist ein Fall für Polizei und Justiz.

Die Konsequenzen in Sachen Opposition sind klar. Ihre Freiheit ist formal zu bestimmen. Opposition darf die Mög-

---

6   Vgl. Lars O. Michaelis, *Politische Parteien unter der Beobachtung des Verfassungsschutzes*. Baden-Baden: Nomos 2000.
7   Vgl. Ulrich K. Preuß, *Notstand und Parteienverbot*. In: *Kritische Justiz*, Heft 2, 1999.

lichkeiten der Legalität voll ausreizen. Was bis zum Verbotsverfahren erlaubt war, darf nicht nachträglich als illegitime,»verfassungswidrige« Politik sanktioniert werden. Der Staat ist nicht Hüter einer politischen Wahrheit. Die einzige Art der Verfassungstreue, die man jeglicher Opposition – und zwar kompromißlos – abverlangen darf, heißt äußerlich legales Verhalten.

Wie anders könnte denn auch die Dialektik von Mehrheit und Minderheit, das Wechselspiel von Regierung und Opposition funktionieren? Es ist absurd, die Legalität politischer Minderheiten zu widerrufen, nur weil sie den Legitimitätsvorstellungen der herrschenden Mehrheit nicht gehorchen. Es ist anmaßend, Oppositionelle auf die »richtige« Gesinnung, auf ein freiheitliches demokratisches Glaubensbekenntnis einzuschwören. Von Opposition, die der Regierung aus der Hand frißt, ist nichts zu erwarten. Mit Opposition, die nicht schlimmer ist als der Verfassungsschutz erlaubt, ist etwas faul. Kurz und gut: Opposition, die nicht entschieden zu weit geht, ist keine. So wie Demokratie keine ist, die solche Opposition nicht zu integrieren versteht.

Soziologiekolumne

Ein Ball

Von Rainer Paris

Im Volkspark sind mir zu viele, manchmal recht aggressive Hunde. Deshalb jogge ich lieber im alten Stadion Wilmersdorf, auf der Anlage des BSV 92, und drehe dort auf der schon sehr ramponierten Tartanbahn meine Runden. Das ist auf längere Sicht zwar nicht gut für die Gelenke, aber es gibt auch keine Spaziergänger, die man umkurven muß, und man kann so den Gedanken freien Lauf lassen. (Außerdem erspart man sich die Peinlichkeit des unmittelbaren Zugleich der verschiedenen Bewegungsarten: Blick und Gesichtsausdruck der Nordic Walker wären eine gesonderte Analyse wert.)

Im hinteren Drittel der Rasenfläche spielen einige größere Jungen Fußball. Sie spielen nicht auf Tore, sondern »Ball halten« in der Luft: Man spielt sich in einem Kreis den Ball mit dem Fuß, Knie oder Kopf gegenseitig zu und versucht zu erreichen, daß er so lange wie möglich nicht den Boden berührt. Plötzlich springt einem der Burschen, der den ihm etwas zu kurz zugespielten Ball mit artistischem Einsatz noch zu schlagen versucht, der Ball derart unkontrolliert von der Fußspitze, daß er in hohem Bogen über die Gruppe hinweg am Ende des Rasens landet und von dort weiter auf die Laufbahn rollt, etwa vierzig Meter vor mir meinen Weg kreuzt und schließlich am äußeren Rand der Bahn austrudelt.

Da liegt er nun, der Ball und was es mit ihm auf sich hat. Für sich genommen, ist er nur ein Ding: ein Gegenstand, gewiß in spezifischer Weise mit spezifischer Absicht gefertigt, der eine konkrete materielle Realität hat, und zwar unabhängig davon, welche soziale Realität und Bedeutungen sich in ihm sonst noch verbergen.[1] Ein Ball ist ein Ball ist ein Ball. Auch soziale Tatsachen

---

[1] Vgl. John R. Searle, *Die Konstruktion der gesellschaftlichen Wirklichkeit. Zur Ontologie sozialer Tatsachen*. Reinbek: Rowohlt 1997.

gründen in unhintergehbaren materiellen Gegebenheiten und bauen darauf auf: Ein Geldschein ist jenseits seiner Funktion als Geld und damit als gesellschaftliche Konstruktion immer auch nur ein in bestimmter Weise bedrucktes Papier, das im übrigen verrotten oder verbrennen kann und dann auch als Geld nicht mehr existiert. Trotzdem ist es natürlich keineswegs beliebig oder zufällig, daß sich in den allermeisten Gesellschaften Metall und Papier als Geldträger durchgesetzt haben. (Die blöden Varianten des Konstruktivismus verwechseln einfach Konstruiertheit und Konstruierbarkeit: Gender hin oder her – kein neuer Mann wird jemals Mutter!)

Als Artefakt ist der Ball jedoch »Ball« und somit eine soziale Tatsache: Er hat Bedeutung (genauer: Bedeutungen), und er hat diese Bedeutungen nur *für uns*. Welche?

Ich hatte ja schon gesehen, daß die Jungen da spielen. Es hatte mich nicht weiter interessiert, sie waren für mich irgendwelche Fußballer: Nebenmenschen ohne individuelle Kontur. Ihre situative Präsenz hatte lediglich den Status der Mitgegebenheit, mein Tun war Laufen und Schwitzen. Trotzdem »wußte« und verstand ich natürlich, was sie da treiben: Fußball spielen heißt, einen Ball im Kooperationsgefüge einer Gruppe nach bestimmten Regeln zu treten und ihn dabei möglichst genau an einen vom Spieler vorausberechneten Ort zu befördern, an dem er vom Mitspieler in der gleichen regelgeleiteten und -beschränkten Weise aufgenommen und weitergespielt werden kann. Dabei ist der Ball gewissermaßen der Hauptakteur: Je nachdem, wo er sich gerade befindet, müssen sich alle Beteiligten immer schon so bewegen und darauf einstellen, daß sie ihn dann, wenn sie angespielt werden, kompetent weiterspielen können.

Diese Bedeutung des Fußballs ist mir selbstverständlich präsent und gleichzeitig, solange die anderen damit spielen und ich meine Bahnen laufe, situativ völlig gleichgültig. Da ich nicht mitspiele

und auch kein Zuschauer bin, bin ich davon nicht tangiert. Erst als der Ball auf die Laufbahn und damit in meinen Aktionsradius rollt, ändert sich die Situation grundlegend. Aus dem Augenwinkel sehe ich, daß einer der Jungen sich kurz in Bewegung setzt, dann abstoppt und fragend zu mir herüberschaut. Seine Aufgabe wäre es, den Ball zurückzuholen. Zusammen mit dem Blick bekommt der Ball nun einen klaren Aufforderungscharakter: Er zwingt mich zu entscheiden, ob ich ihn ignorieren und weiterlaufen will oder ob ich seinetwegen meinen Laufrhythmus unterbrechen, einen Bogen machen und ihn in Richtung der Gruppe zurückschlagen soll.

Der an dieser Stelle liegende Ball setzt damit auf einen Schlag eine neue Relevanzstaffelung und zugleich eine veränderte Situationsdefinition durch. Er wandert vom situativen Innenhorizont ins Zentrum meines Wahrnehmungsfeldes und ist plötzlich unmittelbares Thema des Handelns. Parallel dazu ist er auch ein *gemeinsames* Thema, ein Fokus der Interaktion zwischen mir und der Fußball spielenden Gruppe. Das Spiel ist unterbrochen und harrt seiner Fortsetzung. Und ich stehe vor der Frage, ob ich von meinem Tun etwas abrücken will, um die Normalität der Situation zu restituieren. Der von der Gruppe entfernte und in meiner Nähe positionierte Ball wartet gleichsam darauf, was mit ihm geschehen soll.

Die Voraussetzung dafür, daß ich weiß, was Junge und Ball von mir erwarten, ist, daß ich mich in sie hineinversetzen, ihre Perspektive mir gegenüber übernehmen kann. Der Blick bittet mich um den Gefallen, den Ball zur Gruppe zurückzuspielen und dem Spieler das Ballholen zu ersparen; der Ball sagt mir als toter Gegenstand unmittelbar gar nichts, aber ich muß seine Dingeigenschaften kennen, um ihn im Rahmen der Situation angemessen behandeln zu können. Ich muß wissen, daß er ein Ball und kein Stein ist, wenn ich mich dazu entschließen sollte, ihn zu treten. Wäre ich nicht in der Lage, die Rolle des anderen

und ebenso die Rolle des Dings zu übernehmen, könnte ich die Aufforderung
zur Kooperation überhaupt nicht realisieren.

George Herbert Mead hat in seiner
klassischen Formulierung einer soziolo-
gischen Handlungstheorie die Entwicklung der elementaren Fähigkeit zur Rollenübernahme als einen zweistufigen
Prozeß beschrieben, den er an zwei
Grundformen des Spiels von Kindern
und Jugendlichen, *play* und *game*, fest-
macht.[2] Für das *play* reicht es aus, wenn
ich dazu in der Lage bin, mich in die Perspektive jeweils *eines* anderen mir gegenüber hineinzuversetzen und seine Rolle
zu übernehmen *(taking the role of the other)*.
Hierzu muß der andere nicht einmal
physisch anwesend sein. Manchmal kann
man ein Kind dabei beobachten, wie
es ganz alleine »Vater-Mutter-Kind«
spielt: Es schimpft sich selbst wegen ir-
gendeines Vergehens mit der Stimme der
Mutter aus und schlüpft dann in die Rolle und Stimme des Vaters, der nun sei-
nerseits die Mutter ausschimpft, weil
diese das Kind nicht so viel ausschimp-
fen soll.

Ein kollektives Spiel, das nach dem
Mechanismus der einfachen Rollenübernahme funktioniert, ist etwa das Ver-
steckspiel. Ein Kind verdeckt sein Gesicht für eine abgezählte Zeitspanne an
einem Baum oder einer Hauswand, und
die anderen Kinder versuchen, sich in
dieser Zeit im Gelände so geschickt zu
verstecken, daß sie von ihm, wenn es sie
suchen geht, nur schwer gefunden werden können. Um bei diesem Spiel mit-
spielen zu können, ist es vollkommen
ausreichend, wenn jedes der Kinder, die
sich verstecken, die Perspektive desjenigen Kindes antizipiert und übernimmt,
das sie suchen soll: Sie müssen zusehen,
nicht gesehen werden zu können.

Das ist vor allem für kleinere Kinder
oftmals gar nicht so einfach. Sie kauern
sich hinter ein Mäuerchen, von wo aus sie

den anderen nicht sehen können, bemerken jedoch nicht, daß ihre Pudelmütze
das Mäuerchen überragt. Erst nachdem
sie auf diese Weise völlig überraschend
immer als erste entdeckt worden sind,
lernen sie schließlich, in der Übernahme
der Rolle des anderen nun auch auf den
eigenen Körperumriß zu achten und sich
entsprechend tiefer zu ducken.

Für *games* – Wettkampfspiele, die
zwischen Mannschaften ausgetragen
werden – gelten hingegen andere psychische Anforderungen der Kooperation.
Mead spricht hier von der Übernahme
der Rolle des verallgemeinerten Anderen
(generalized other). Entscheidend für diese
zweite Stufe der Rollenübernahme ist,
daß jeder Mitspieler zu jedem Zeitpunkt
des Geschehens das Spiel nur dann spielen kann, wenn er dazu in der Lage ist,
sich nicht nur in die Perspektive eines
anderen Akteurs, sondern darüber hinaus, freilich in situativ gestaffelter Art
und Weise, gleichzeitig in die Perspektive *aller* anderen Akteure auf dem Spiel-
feld zu versetzen, um der eigenen Partei
zum Erfolg zu verhelfen. Als Fuß- oder
Handballer in einer Mannschaft zu spielen, heißt, sich selbst und die anderen
von vornherein in einem übergreifenden
dynamischen Kooperationszusammen-
hang, einem sich ständig neu ordnenden
Beziehungsgeflecht zu verorten und sein
Handeln darauf abzustimmen. Gewiß
ist für das direkte Zuspiel des Balles
zunächst einmal die unmittelbare
Übernahme der Rolle des Mitspielers
ausschlaggebend, den ich anspielen
will; doch im Kooperationsgefüge einer
Mannschaft kann ich diese Einzelhand-
lung nur dann sinnvoll plazieren, wenn
ich zugleich die Rolle aller anderen Spieler der eigenen Mannschaft und ebenso
die meine Absicht durchkreuzenden
Anstrengungen und Möglichkeiten der
gegnerischen Mannschaft psychisch an-
tizipieren und berücksichtigen kann.

Natürlich ist auch die Herausbildung

---

[2]   George Herbert Mead, *Geist, Identität und Gesellschaft*. Frankfurt: Suhrkamp 1968 (zuerst
1934).

und Vervollkommnung der Fähigkeit zur Übernahme der Rolle des verallgemeinerten Anderen in hohem Maße altersabhängig und variiert mit den jeweiligen Entwicklungsniveaus. Ein Fußballtrainer, der in einem Verein sogenannte Bambini-Mannschaften betreut, erzählte mir einmal von den großen Differenzen, die er beim Training mit den Fünf- und Sechsjährigen gegenüber der Arbeit mit den Acht- bis Zehnjährigen habe feststellen können. Während die älteren Kinder oftmals schon zu komplizierten taktischen Spielzügen – etwa das rasche Umschalten von Verteidigung auf Angriff, Freilaufen des Flügelmanns mit Raumöffnung in der Mitte usw. – angeleitet werden könnten, wären die Kleinen nur äußerst schwer davon abzuhalten, einfach immer dorthin zu rennen, wo der Ball gerade ist, um schließlich an dieser Stelle einen Haufen zu bilden: »Die spielen im Grunde gar nicht Fußball, sondern Haufenball.«

Das Problem ist klar: Statt den für den Mitspieler erreichbaren Ball diesem auch zu überlassen und selber dorthin zu laufen, wo sie demnächst angespielt werden können, übernehmen sie ausschließlich die Rolle des Hauptakteurs, nämlich des Balls, und stürmen in seine Richtung. Die Haufenballer spielen das *game* gewissermaßen noch in der *play*-Einstellung.

Eine Schwachstelle dieser Bambini-Mannschaften ist übrigens häufig der Torwart: Wenn sich das Spielgeschehen weit entfernt vor dem gegnerischen Strafraum abspielt, legt er sich auch schon mal ins Gras oder geht neben seinem Tor Blumen pflücken.

Ein Spezialfall der Rollenübernahme ist die Übernahme der Rolle des Dings. Daß auch die Erkundung und das Erlernen des Umgangs mit dinglichen Objekten durch diesen Grundmechanismus reguliert werden, zeigt wiederum das kindliche Spiel. Ein Kleinkind sitzt auf dem Boden, umgeben von Bauklötzen und einem Ball. Wenn es den Ball berührt oder ihm einen Schubs gibt, rollt er weg. Die Bauklötze tun das nicht, dafür lassen sie sich stapeln. Nach mehreren

Versuchen lernt das Kind, daß es das Wegrollen des Balles beeinflussen kann, indem es die Intensität des Anstoßens variiert. Ein Nachteil ist, daß ein stark angestoßener Ball so weit wegrollt, daß er den unmittelbaren Aktionsradius verläßt und nur mit großer Anstrengung (Hinterherkrabbeln) zurückgeholt werden kann.

Doch dann macht das Kind eine sensationelle Entdeckung: Wenn es den Ball mit einiger Wucht in eine Richtung stößt, wo er gegen eine Wand prallt, kommt er auf unerklärliche Weise zurück und kann von ihm ohne größere Mühe aufgenommen werden. Es erfährt, daß ein Ball eben mehr und anderes ist als eine Kugel. Und dasselbe wiederholt sich, wenn es schließlich gelernt hat, den Ball gegen die Wand zu werfen und die Flugbahn des abprallenden Balles so zu berechnen, daß es, nach entsprechenden Übungsfortschritten in der Feinmotorik der Hand, ihn sogar auffangen kann. Ohne ein Sich-Hineinversetzen in die »Perspektive« des Dings gegenüber der eigenen Person wäre das alles gar nicht möglich.

Es ist klar, daß die situative Übernahme der Rolle des Dings um so diffiziler und anspruchsvoller ist, je vertrackter und unberechenbarer seine Dingeigenschaften sind. Und diese Schwierigkeit wird noch einmal beträchtlich erhöht, wenn es sich bei dem Ding, dessen Rolle übernommen wird, um einen sich rasch bewegenden Gegenstand handelt und gleichzeitig derjenige, der die Rollenübernahme vornimmt, sich selbst womöglich in rascher Bewegung befindet. Dies ist bei den Ballsportarten, und zwar nicht nur bei denen, die als Mannschaftsspiel ausgetragen werden, bekanntlich der Normalfall: So erfordern zum Beispiel die Ballgeschwindigkeiten und Laufleistungen beim Tennis eine noch viel größere Intuition und Virtuosität in der Übernahme der Rolle des Balls (und des Gegners), als sie etwa für den Handballer nötig sind.

Der Vergleich verdeutlicht einen weiteren wesentlichen Punkt: die Restriktion und Limitierung der Übernahme der Rolle des Dings durch die Regeln des Spiels. Kein Spiel ohne konstitutive und regulative Regeln. Die konstitutiven Regeln müssen erfüllt sein, damit das Spiel überhaupt gespielt werden kann (beim organisierten Fußball: die Abmessungen des Spielfelds und der Tore, Spieldauer, Mannschaftsstärke usw.); die regulativen Regeln hingegen schreiben vor, *wie* das Spiel gespielt werden soll (welcher Körpereinsatz ein Foul ist beispielsweise, ob Abseits vorliegt oder nicht); sie sind grundsätzlich auslegungsfähig und müssen daher stets situativ appliziert, also im Normalfall durch einen Schiedsrichter überwacht und entschieden werden.

Vor allem aber definieren sie strikt die erlaubte Ballbehandlung: Die Feldspieler im Fußball dürfen den Ball nur ohne Zuhilfenahme der Arme und Hände spielen, die Volleyballer schlagen ihn mit den Händen, ohne ihn fangen zu dürfen, Hand- und Basketballer können ihn fangen, müssen ihn aber nach einer bestimmten Anzahl von Schritten auftippen oder abspielen. Wie auch immer die Regeln ausgestaltet sind, stets schreiben sie dem Spieler eindeutig vor, in welcher Weise er die Übernahme der Rolle des Dings in seinem Verhalten zu praktizieren hat.

Mehr noch: Indem die Regeln vorgeben, wie der Ball gespielt werden muß, bestimmen sie gleichzeitig indirekt über die spezifische Mischung und Entwicklungsrichtung derjenigen Fähigkeiten und Fertigkeiten, die der Spieler für die Perfektionierung der Ballbeherrschung braucht. Diese sind nämlich für die verschiedenen Ballsportarten höchst unterschiedlich. Ein Vergleich von Fußball und Handball kann das illustrieren: Beim Handball ist der Ball wesentlich leichter unter Kontrolle zu bringen, dadurch, daß er gefangen wird. Die Bewegung des Balls wird in der Greifbewegung der Hände stillgestellt, bevor er

dann durch den Wurf eine erneute Richtungsänderung erfährt. Der menschliche Fuß hingegen ist eigentlich nicht besonders gut eingerichtet, um damit kontrolliert Bälle zu schlagen. Ihm fehlt der frei konvertierbare Daumen, mit dem die Primaten noch zugreifen können.

Deshalb ist für den anthropologisch benachteiligten Fußballer bereits das Stoppen des Balls oftmals eine geradezu artistische Leistung: Dem heranfliegenden Ball muß mit dem Fuß die Wucht genommen werden, und er darf dann gerade nur so weit abprallen, daß er auch angesichts der heranstürmenden Gegenspieler zuverlässig weitergespielt werden kann. Der Fußballer muß sich also weit mehr als sein Handballkollege in einer besonderen Weise »einfühlen« in die Bewegung und Dingeigenschaften des Balls: Er muß in seiner eigenen Bewegung die Bewegung des Balls gleichsam verlängern, sich seiner Flugbahn anschmiegen und ihm trotzdem die gewünschte Richtungsänderung geben. Pointiert könnte man sagen, daß der Handballer den Ball spielt, während der Fußballer *mit* dem Ball spielt. (Deshalb sind die schönsten Tore beim Handball oftmals diejenigen, die, wie etwa der Kempa-Trick, nach dem Muster von Flanke und Kopfball erzielt werden.)

Die Beispiele zeigen: Es sind gerade die das Handeln extrem reglementierenden Regeln des Spiels, die die Entwicklung von Könner- und Meisterschaft, ja Virtuosität überhaupt erst ermöglichen.

Spielen ist eine Grundform menschlichen Tuns. Heinrich Popitz hat sie in einer kleinen, wunderschönen Studie dechiffriert.[3] Die charakteristischen Merkmale dieses Handelns sind: Freiwilligkeit, Anstrengung/Geschicklichkeit, Wiederholung und Modifikation, Spannung, Ungewißheit des Ausgangs. Ferner eine eigentümlich dialogische Struktur: Der Spielende spielt mit etwas, das auch mit dem Spielenden spielt. Deshalb bleibt in jedem Spiel trotz aller Perfek-

---

[3]   Heinrich Popitz, *Spielen*. Göttingen: Wallstein 1994.

tionierung des Könnens durch Übung und Training stets ein Moment der Unwägbarkeit und des Unberechenbaren erhalten, Zufall und Glück mischen sich – oft entscheidend! – überall ein. Und am Ende des Spiels gibt es zwar einen Sieger und einen Verlierer, aber wenn es ein gutes Spiel war, haben beide gewonnen.

Die Ursache dieser Selbststeigerung sieht Popitz letztlich in der Zweckfreiheit solchen Tuns. Das Spiel findet seinen Zweck in sich selbst und in seiner Beschränkung auf die Situation des Spielens. Hierin liegt der entscheidende Unterschied zu Lernen und Arbeit. »Spielend bringen wir nichts Bleibendes hervor, weder ein Werk noch ein neues Wissen. Der ›Ertrag‹ des Spiels erschöpft sich in der Erfahrung eines im Tun erfüllten Sinns. Wir setzen nichts Neues in die Welt und bekommen nichts Neues über die Welt heraus. Der Spielende hinterläßt kein Ergebnis, kein Produkt seines Tuns. Im Spiel ist der Mensch auf unproduktive Weise kreativ. Das ist die eigentümliche, die eigentümlich bezaubernde Dimension des Spielens: daß der Mensch unproduktiv kreativ sein kann.«

Und der Ball? Natürlich stoppe ich ab und spiele ihn, nicht besonders geschickt, zurück.

Die Kunst zu erben

Zur Debatte über die Flick Collection

Von Stefan Willer

Die Friedrich Christian Flick Collection ist, so hat es Salomon Korn formuliert, eine mit »Blutgeld« finanzierte Kunstsammlung. Seit dieses Wort im Mai 2004 gefallen ist, hat die Debatte um die Ausstellung dieser Sammlung in den Berliner Rieck-Hallen – die nun seit Ende September eröffnet ist – deutlich an Tempo gewonnen. Dabei übersieht man aufgrund der moralischen Entrüstung und des polemischen Tons leicht den Umstand, daß der Ausdruck, den der Vizepräsident des Zentralrats der Juden in Deutschland verwendet hat, den Flick-Komplex um Finanzen, Schuld und Kunst genau auf den Punkt bringt, und zwar indem er ihn, wenn auch unabsichtlich, in seiner Mehrdeutigkeit anspricht. Offenkundig bezieht sich ja die Bezeichnung »Blutgeld« auf die verbrecherische Vermehrung des Flickschen Familienvermögens in der Zeit des Nationalsozialismus: Es handelt sich um Blutgeld, weil es auf Kosten derer verdient wurde, die in den Betrieben der Kommanditgesellschaft des Großvaters Friedrich Flick zur Arbeit gezwungen wurden und dort ihr Blut lassen mußten.

Diese Wortbedeutung findet sich etwa im Grimmschen Wörterbuch, das »Blutgeld« als »durch blut erworbnes« erklärt und zum Beleg die Lutherübersetzung des Bibelverses Matthäus 27, 6 anführt: »Es taug nicht das wir sie in Gottes kasten legen / Denn es ist Blutgeld«. Sie – das sind die dreißig Silberlinge, um die Judas Jesus verraten hat und die er den Hohenpriestern zurückgibt, bevor er sich erhängt. Die Rückgabe wird als solche nicht akzeptiert; statt dessen kaufen die Priester von dem Geld einen Acker »zum begrebnis der Pilger / Da her ist der selbige Acker genennet der Blutacker / bis auff den heutigen tag.«

Diese Transaktion reichert, zusammen mit der juristisch wie theologisch komplizierten Schuldfrage im Fall Judas, das

Problem des Blutgeldes schon um einiges an, aber damit ist es noch nicht getan. Denn der Rechtshistoriker Jacob Grimm erwähnt neben der jüdisch-christlich bestimmten Semantik auch die altgermanische Tradition des sogenannten Wergeldes, »das der todschläger den verwandten des erschlagnen zu entrichten hatte«. Es geht also um die Geldsumme, die der Mörder denen zahlt, die eigentlich Blutrache an ihm üben müßten, mithin um einen Beitrag zur Verhinderung der Rache, um eine Entschädigungszahlung.

»Blutgeld« in diesem Verständnis ist das juristisch-ökonomische Instrument einer Selbstentschuldigung: genau das, was die Kritiker der Ausstellung dem Erben Friedrich Flicks nicht zugestehen wollen. Angesichts dieser Vieldeutigkeit kann man eine weitere Assoziation anschließen: In gewisser Weise scheint das Blut, das hier ins Spiel gebracht wird, auch das der Familie Flick selbst zu sein. In deutlicher Erinnerung an jene Zeiten, in denen noch das Blut und nicht die genetische Information für den genealogischen Zusammenhang einer Dynastie einstand, kann das Wort »Blutgeld« auch in dieser Hinsicht einen Sinn ergeben: als Familienvermögen – Geblütsgeld.

Das Besondere dieses Geldes liegt darin, daß es zugleich Haben und Soll, verfügbares Vermögen und Hypothek darstellt. Deswegen ist hier umstritten, was ansonsten gerade das Funktionieren des Geldes ausmacht: die freie Konvertierbarkeit. Wenn von dem Flickschen Vermögen die Rede ist, stellt man es sich unweigerlich vor wie die »gekennzeichneten Scheine« bei Geldübergaben an Entführer, in diesem Fall also Scheine, an denen das Blut noch klebt. Daher ist dieses Geld aus dem Umlauf genommen – oder sollte es zumindest sein, nach dem Wunsch der Kritiker Friedrich Christian Flicks, solange dieser die eigentlich geforderte Entschädigung, die Beteiligung am Zwangsarbeiterfonds, nicht geleistet hat.

Geld, an dem Blut klebt, kann nicht allgemein getauscht werden. Es ist tabu, *heiliges Geld*, in jenem Doppelsinn des Heiligen als geweiht und unrein, wie er schon in den zwanziger Jahren in altertumswissenschaftlichen, ethnologischen und psychoanalytischen Studien über den sakralen Ursprung des Geldes aus Opferriten entwickelt wurde. In einer dieser Studien, Géza Róheims Abhandlung über *Heiliges Geld in Melanesien*, wird die Frage formuliert, die auch im Fall Flick entscheidend ist: »Woher die engen Beziehungen zwischen Geld und Totenkult?«[1]

Man muß nicht Róheims etwas vulgär-freudianisch anmutenden Thesen zum analerotischen und -neurotischen Charakter des Geldes folgen, um diese Frage interessant zu finden. Denn daß es enge Beziehungen zwischen Geld und Totenkult gibt, gehört zu den offenkundigen und zugleich irritierendsten Merkmalen der Blutgeld-Debatte, so wie ja auch das Problem des Erbes, auf das sich alle Aspekte der Debatte beziehen lassen, mit dem des Totenkults zusammenhängt. Genauer gesagt: Erben *ist* ein Totenkult. Das gilt auch für moderne, vermeintlich radikal säkularisierte Erbgänge, in denen kultisch aufgeladene Gegenstände oder dynastisch geprägte Territorien nur noch eine untergeordnete Rolle gegenüber der Vererbung von Geld spielen.

Was es eigentlich heißt, Geld zu vererben und zu erben, ist alles andere als selbstverständlich. Immerhin entsteht so eine Konkurrenz zweier Formen von Eigentumswechsel. Was eigentlich zirkulieren soll, wird genealogisch-linear weitergegeben, materialisiert sich zum Erbstück, wird unter Vorbehalt gestellt und zunächst einmal aus dem Umlauf genommen. Das betrifft die Normen der Erbschaftssteuer ebenso wie die sozialen und kulturellen Praktiken des

---

[1]   In: Ernest Borneman (Hrsg.), *Psychoanalyse des Geldes*. Frankfurt: Suhrkamp 1977.

Umgangs mit »unverdientem Vermögen« (Jens Beckert). Die Frage ist in jedem Fall, wann und auf welche Weise man es erneut in die Zirkulation einspeisen kann.

Im Verlauf der jüngsten Flick-Debatte ist immer deutlicher geworden, in welchem Ausmaß es um eine Familiengeschichte geht, spätestens seit dem in der *Zeit* (5. August 2004) publizierten offenen Brief von Dagmar Ottmann an Salomon Korn, in dem es vor allem um die Richtigstellung des Irrtums ging, bei dem Kunstbesitz ihres Bruders Friedrich Christian Flick handle es sich um eine Familiensammlung. Ottmann plädierte schließlich dafür, auf die »Voranstellung des symbolbelasteten Familiennamens« ganz zu verzichten, zumal die überlebenden Zwangsarbeiter und ihre Angehörigen »durch die Herausstellung des Namens Flick schmerzhaft an ihr Leid erinnert« würden. Bemerkenswerterweise wurde die Zeitungsseite mit dem offenen Brief graphisch von einem Stammbaum der Flicks dominiert, dem man unter anderem entnehmen konnte, daß Dagmar Ottmann selbst als einzige der aufgeführten Familienmitglieder dem »symbolbelasteten Familiennamen« entkommen ist. Wenngleich sie nun gegen eine Pauschalisierung der Familientradition »bis ins dritte Glied« argumentierte, wurde genau diese Logik wieder ins Bild gesetzt.

Das kürzlich erschienene Buch des Wirtschaftsjournalisten Thomas Ramge über *Die Flicks* veranschaulicht in gleicher Weise den Anspruch, eine »deutsche Familiengeschichte über Geld, Macht und Politik« zu erzählen: Auch hier findet sich ein Stammbaum der Familie Flick, vom Patriarchen Friedrich Flick bis zu den Enkeln und Urenkeln, gleich zweimal auf dem vorderen und hinteren Innendeckel abgebildet.[2] Was man aus Ramges Darstellung destillieren kann, ist dann auch tatsächlich die

Firmengeschichte als Familienroman. Dieser Roman kommt in Gang, weil dem unternehmerischen Talent Friedrich Flicks seine Unfähigkeit gegenübersteht, das eigene Haus zu bestellen. Seine katastrophal scheiternde Nachlaßverwaltung führt zu Verwerfungen zwischen ihm und seinem älteren Sohn Otto-Ernst sowie zwischen dem jüngeren und bevorzugten Sohn Friedrich Karl und Otto-Ernsts Söhnen, Gert-Rudolf und Friedrich Christian. Daraus resultiert eine schwer überschaubare Abfolge von Aufteilungen und Abfindungen (Otto-Ernsts Kinder werden zweimal, 1975 und 1985, in mehrstelliger Millionenhöhe ausbezahlt); Schenkungen werden gemacht und Familienstiftungen gegründet, um die unternehmerische Macht in der Familie zu bündeln und die Erbschaftssteuer zu minimieren. Neben den inneren Querelen wird im Zuge des Generationswechsels der Kampf gegen den Fiskus zunehmend zur zweiten, äußeren Front des gigantischen Familienbetriebs, bis zu seiner Auflösung durch Friedrich Karl Flick im Jahr 1985.

Insgesamt schärft Ramges Erläuterung der Transaktionen zwischen Familie, Firma und Staat den Blick dafür, daß und wie die Konzerngeschichte als Typologie verschiedenster Eigentumstransfers gelesen werden kann. Neben dem schlichten Kauf betrieb Friedrich Flick von Anfang an einen komplizierten Tauschhandel, vor allem mit Aktienpaketen, und bezog Staats- und Regierungsstellen in die eigenen Geschäfte ein. Der NS-Staat bot daher für Flick vor allem neue Transaktionsmöglichkeiten: die kostengünstige Übernahme von jüdischen Unternehmen (an der Legalisierung dieser »Arisierungen« war ein Hausjurist Flicks maßgeblich beteiligt), die »treuhänderische Verwaltung« von Betrieben in besetzten Gebieten nach Kriegsausbruch sowie – aus der Perspektive der Kosten-Nutzen-Rechnung ganz

---

[2]   Thomas Ramge, *Die Flicks. Eine deutsche Familiengeschichte über Geld, Macht und Politik*. Frankfurt: Campus 2004.

und gar folgerichtig – die Ausbeutung von menschlicher Produktivkraft durch die Anwerbung von kriegsgefangenen Arbeitssklaven.

Im Rahmen all dieser legalen, legalisierten, halblegalen und illegalen Eigentumstransfers – auch Friedrich Karl Flicks Praxis der Steuerreduzierung durch Parteispenden reiht sich ein – besitzt der vertikale Vorgang des Erbens einen Sonderstatus. Das zeigt sich exemplarisch in der Zurückhaltung des Enteignungsgewinnlers Friedrich Flick, als der Erbfall in einem zu seinen Gunsten arisierten Unternehmen eintritt und er es trotz seiner sonst ausgeprägten Mitnahmementalität »für politisch untragbar« hält, »das Erbe von Ignaz Petschek zu übernehmen«: *heiliges Geld* auch hier.

Die Besonderheit der Flickschen Familiengeschichte liegt vor allem in der Beharrlichkeit der Versuche, gegen Vernunft und Gefühl dynastische Kontinuität zu behaupten. Die Affinität zum Adel (die sich auch darin zeigt, daß sich unter den jeweils mehreren Ehen der Flick-Enkel gleich mehrere Adelsheiraten finden) manifestiert sich am deutlichsten in einer symbolpolitischen Hochschätzung des männlich tradierten Geschlechtsnamens. Als Friedrich Christian Flick seine Karriere als Kunstsammler beginnt, tut er das in der Hoffnung, seinen Nachkommen »eine sinnvolle Möglichkeit zur neuen Identifikation mit unserem Namen aufzubauen«. Aber nicht nur als Träger einer symbolischen Identität hat der Name Flick seinen Anteil an der Art, wie das Familienargument vorgebracht wird, sondern auch, elementarer, in seiner tendenziell komischen Wörtlichkeit.

Das Wortspiel mit der »geflickten Republik«, das in der Parteispendenaffäre der frühen achtziger Jahre immer wieder bemüht wurde, findet sich ähnlich schon im Presseecho auf das dubiose »Flickwerk« der Gelsenberg-Affäre um

1930, als der Konzerngründer mit der Reichsregierung ein überbezahltes Aktiengeschäft aushandelte; die »Flick Collection« erscheint als eigentümlich unbeholfene, fast parodistische Anlehnung an die New Yorker »Frick Collection«, eine der berühmtesten privaten Kunstsammlungen der Welt; und geradezu irritierend albern ist die von Ramge und anderen Journalisten fortwährend verwendete familieninterne Benennung der Brüder Friedrich Christian und Gert-Rudolf als »Mick« und »Muck«.

Bei der Lektüre von Ramges Familienbiographie wird deutlich, daß die von Friedrich Christian Flick schon frühzeitig gefundene Sprachregelung, er trage wie jedermann persönliche Verantwortung, sehe sich aber in keiner ererbten Schuld, zwar für ihn selbst befriedigend sein mag, aber zur Analyse der Sache in ihrem symbolischen wie realen Gehalt nicht allzuviel beiträgt. In der Tat kann man einer rein legalistischen Interpretation zufolge den Wert eines Erbes eindeutig monetarisieren, so daß zweifellos zu klären ist, ob und wie hoch es belastet ist. Aber gerade der Umstand, daß Schulden erblich sind – für die man als Erbe ja auch »nichts kann«, genausowenig wie für das ererbte Vermögen –, läßt es nicht mehr als so selbstverständlich erscheinen, warum es mit der *Schuld* ganz anders aussehen soll.

Die Flick Collection erscheint alles in allem als Musterfall deutschen Erbens, wie der Journalist Peter Kessen in einer Buchpublikation zum Thema feststellt.[3] Daher fällt von den Rieck-Hallen aus der Blick auch auf andere Schauplätze, etwa auf die vermeintlichen Freiräume im östlichen Berlin der Nachwendezeit, die ja nicht schon immer DDR-Volkseigentum gewesen waren, sondern sich früher zu einem großen Teil in jüdischem Besitz befunden hatten. Folgt man Kessens bisweilen pauschalisierender Argumentation, so beruht die Freiheitseuphorie der

---

3 Peter Kessen, *Von der Kunst des Erbens. Die »Flick-Collection« und die Berliner Republik*. Berlin: Philo 2004.

jungen Berliner Szene nach 1990 vor allem auf der Verweigerung, über ihre eigenen Voraussetzungen nachzudenken. Um so mehr wird deutlich, daß die Flick-Debatte kein feuilletonistisches Glasperlenspiel ist, sondern die »Beziehungen zwischen Geld und Totenkult« dort zu fassen versucht, wo sie eine für das gesellschaftliche Selbstverständnis entscheidende Rolle spielen. Daß diese Beziehungen nicht einfach mit einem Hinweis auf geltendes Erbrecht zu klären sind, zeigt sich besonders an der Bedeutung, die dem gleichfalls schwer justitiablen *kulturellen Erbe* zufällt.

Es gehört zu den bemerkenswerten Umständen im Fall der Flicks, daß die Kinder von Otto-Ernst Flick große Teile ihres Geldes in kulturellen Werten angelegt haben. Beide Brüder besitzen Kunstsammlungen, wenn auch sehr unterschiedlich dimensionierte; und alle drei Geschwister haben Stiftungen gegründet: Dagmar Ottmann die literaturwissenschaftliche Stiftung für Romantikforschung, Friedrich Christian Flick die auf kulturpolitische Bildung ausgerichtete Stiftung gegen Fremdenfeindlichkeit – Gert-Rudolf Flick allerdings scheiterte vor ein paar Jahren mit dem Versuch, in Oxford einen Lehrstuhl für die »Geschichte der Europäischen Idee« zu stiften, da die Blutgeld-Diskussion 1995 in Großbritannien zu einem anderen Ergebnis führte als jetzt in Berlin. In all diesen Fällen geht es um die Reinvestierbarkeit eines mit Schuld belasteten Vermögens in einen Bereich, der es gleichfalls mit Hinterlassenschaften, Erbe und Tod zu tun hat: die kulturelle Überlieferung. Besonders deutlich wird das in Gert-Rudolf Flicks kunsthistorischen Forschungen, die Ramge kurz erwähnt. Das voraussichtlich im nächsten Jahr erscheinende Buch *Masters and Pupils* soll die ungebrochene Linie der Weitergabe künstlerischer Techniken von der Renaissance bis zum späten 19.

Jahrhundert beschreiben, die erst mit dem Innovationismus der beginnenden Moderne zerstört worden sei; die im letzten Jahr erschienene Studie *Missing Masterpieces* liefert komplementär dazu die Geschichte verschollener Kunstwerke. Auch diese Untersuchung endet mit dem Jahr 1900, spart also das Verschwinden von Kunst im Zuge von Arisierung, Enteignung und Krieg im 20. Jahrhundert aus. Gert-Rudolf Flick selbst verneint jeglichen Zusammenhang seines Forschungsinteresses mit der eigenen Familiengeschichte.

Friedrich Christian Flicks Sammlertätigkeit steht dem theoretisch ausgerichteten Traditionalismus seines Bruders scheinbar diametral gegenüber. Er will seine Zuwendung zur zeitgenössischen Kunst ausdrücklich als Entscheidung gegen die eigene Vergangenheit verstanden wissen: weg von der väterlich-»humanistischen« Orientierung an den alten Meistern, hin zur Moderne, die für die Spannungen und Brüche des 20. Jahrhunderts einstehen soll und der Flick gerade nicht monumentalen, sondern dokumentarischen Wert beimißt. Trotzdem bleibt Monumentalität der bestimmende Eindruck, wenn man die Ausstellung der Sammlung im Hamburger Bahnhof und den Rieck-Hallen besucht, sowohl hinsichtlich der schieren Menge der Exponate – um die vierhundert Werke sind ausgestellt, ungefähr fünfmal so viele sind eingelagert und sollen in Folgeausstellungen gezeigt werden –, als auch hinsichtlich der Materialität der zumeist wuchtigen, raumgreifenden Objekte und Installationen im einzelnen.[4] Gerade deswegen führt einem die Ausstellung immerfort den materiellen Zusammenhang zwischen dem aufgewendeten Vermögen und den angekauften Stücken vor Augen. Die Flicksche Ankaufspraxis hat selbst etwas Monumentales; die umfangreiche Sammlung kam innerhalb weniger Jahre zustande, in

---

4 Vgl. den Katalog von Eugen Blume u. a. (Hrsg.), *Friedrich Christian Flick Collection im Hamburger Bahnhof*. Köln: DuMont 2004.

denen Flick den internationalen Kunst-
markt geradezu aufgemischt hat.

Damit zeigt die Friedrich Christian
Flick Collection, wie sich unter den Bedingungen des globalisierten Kunsthan-
dels das kulturelle Erbe unserer Zeit
konstituiert. Hier sind kulturelle Kanonisierung und ökonomische Wertschöp-
fung untrennbar aufeinander bezogen.
Eine Kunstsammlung ist eben nicht nur
eine Kollektion von Artefakten, sondern
auch eine Akkumulation von Kapital –
ein Zusammenhang, der konsequent beiseite geschoben wird, wenn Flick, der
Ausstellungskurator Eugen Blume oder
der Direktor der Berliner Staatlichen
Museen Peter-Klaus Schuster als letztlich allein entscheidend die künstleri-
sche Qualität der Sammlung oder ihren
»unbezahlbaren geistigen Mehrwert«
herausstreichen.

Gegenüber solchen eher erbaulichen
Worten wäre der ökonomische und
ästhetische Wertschöpfungsprozeß der
Gegenwartskunst in seiner *Bezahlbarkeit*
zu betonen. In diesem Zusammenhang
hat Patrick Bahners in der *Frankfurter
Allgemeinen Zeitung* (23. September
2004) hellsichtig darauf aufmerksam
gemacht, wie in vielen der Stücke aus
Flicks Sammlung »aus dem Zivilisa-
tionsmüll ein Wertstoff« werde: »durch
bloße Zuschreibung, die keineswegs
willkürlich ist, sondern die höhere Ra-
tionalität des Marktes vollzieht«. Und
Bahners fährt fort: »Agent dieser Vernunft ist der Sammler, der Midas unserer
Zeit.«

In der Tat liegt an diesem Punkt die
Verantwortung von Figuren wie Friedrich Christian Flick. Die Definition dieser Verantwortung kann keine gesin-
nungsethische sein. Deshalb ist die bis-

lang vorwiegend diskutierte moralische
Verpflichtung Flicks, als Privatperson in
den Zwangsarbeiterfonds einzuzahlen,
eher uninteressant, verglichen mit der
Frage nach den kulturell-ökonomischen
Eigentumsrechten, die hier ausgehan-
delt werden. Die Verständigung über
das Verhältnis von Privatsammlungen
und Museen, von Kollektion, Akkumulation und Ausstellung, von Zeigen, Lei-
hen, Stiften und Schenken hat erst begonnen.

Nach langem Lavieren hat sich die
Stiftung Preußischer Kulturbesitz dazu
entschlossen, ihren eigenen Einsatz in
dieser Sache zum Thema zu machen –
also öffentlich darüber nachzudenken,
was die Staatlichkeit ihrer Museen und
der Besitzanspruch in ihrem eigenen Namen eigentlich im Verhältnis zum dyna-
stischen Namen Flick bedeutet. Wie ein
Symposium zur Ausstellungseröffnung
gezeigt hat, ergibt vor allem der inter-
nationale Vergleich eine Fülle von
Kontrastmöglichkeiten, zwischen der
Sammlerfreundlichkeit von Museen in
den USA, wo ein Begriff wie *public trust*
rechtlich gar nicht definiert ist, bis hin
zur etatistischen Variante in Frankreich,
wo idealerweise jedes kulturell bedeutsame Artefakt erst ins *patrimoine* übergegangen sein sollte, bevor es in einem
öffentlichen Museum gezeigt wird.

Keine dieser Varianten ist unschuldig,
in keiner wird die Kunst wertneutral
betrachtet. Ihrem Warencharakter ent-
kommt sie nicht. Das heißt aber auch:
Selbst wenn Flick nach Ablauf der jetzt
begonnenen siebenjährigen Leihfrist das
täte, was da und dort von ihm verlangt
wird: seine Sammlung in Gänze »dem
Staat« zu schenken, wäre die Flick-Debatte noch nicht beendet.

Die innerste Zelle

Die Kasernenwelt der DDR wartet auf einen Erzähler

VON RENATUS DECKERT

Man braucht nicht gleich an die Mauertoten zu denken, um sich verwundert die Augen zu reiben angesichts der Ostalgiewelle, die seit einiger Zeit durch das Land schwappt. Würde man die Bühnen der Retro-Shows mit Stacheldraht und Betonsegmenten drapieren, das Lachen bliebe den Zuschauern im Halse stecken. Erinnern diese wenig stubenreinen Relikte des real existierenden Sozialismus doch fatal daran, vor welchem Hintergrund sich die vermeintliche Komik von Fahnenappell und Leninbüste abspielte. Aus wäre es mit der »Zonensucht« (Jens Bisky).

Vielleicht aber kämen nicht einmal zweihundert ermordete Republikflüchtlinge auf gegen die trotzige Lust, sich die graue Kulisse der eigenen Biographie und ihre Ausweglosigkeit buntzureden. Dann hätte Durs Grünbein recht, der im Februar 2004 in *Akzente* mit unverhohlenem Sarkasmus argwöhnte: »Eine Menge Leute fühlen sich einfach wohl zwischen Mauern und Wachtürmen, das habe ich lange Zeit unterschätzt. Heute gibt es da ein nostalgisches Gefühl, die Sehnsucht des Gefangenen nach den Gefängniswänden.«

Vor kurzem ist ein Dokument erschienen, das dieser Sehnsucht, so es sie tatsächlich gibt, ein Ende bereiten könnte. Es handelt sich um ein Konvolut von Aufzeichnungen, die während der achtzehn Monate Grundwehrdienst von Johannes Jansen in der Nationalen Volksarmee der DDR entstanden.[1] Der 1966 in Berlin geborene Jansen war ab Mitte der achtziger Jahre einer der eigenwilligsten Köpfe der literarischen Subkultur im

Prenzlauer Berg. In seinen Arbeiten klang die Bildsprache des Expressionismus an und die Symbolik des Punk. In ihrer Verbindung von Text und Grafik waren sie gleichermaßen inspiriert von der barocken Tradition des Emblems wie von Strukturen des Comics. Manche Blätter aus dieser Zeit erinnern an Bilder von A. R. Penck, Cornelia Schleime oder Wolfram Adalbert Scheffler.

Jansens erste Aufzeichnungen aus der Kaserne in Hohenstücken bei Brandenburg datieren vom November 1985. Wenige Tage zuvor war er eingezogen worden. Auf dem Papier von Taktikheften, Fahrtenbüchern und Skizzenblöcken schreibt sich der Neunzehnjährige fortan Angst und Sehnsucht von der Seele. Während die Schützenpanzer »durch meinen Kopf« fahren, sitzt er an seinen Spind gelehnt und zeichnet Figuren mit riesigen Köpfen und vor Entsetzen aufgerissenen Augen. Zwischen Schießübungen, nächtlichen Gewaltmärschen und Manövern mit Schutzanzug und Gasmaske entstehen Texte und Bilder, die das Erlebnis permanenter Unterdrückung zu bewältigen suchen.

In ihrer Unmittelbarkeit unterscheiden sich diese Blätter von Büchern, die die Situation des Soldaten im Rückblick reflektieren. Jürgen Fuchs schilderte in den achtziger Jahren in seinen autobiographischen Erzählungen *Fassonschnitt* und *Das Ende einer Feigheit* detailliert den Alltag in der Kaserne. Auch Michael Wüstefeld hat seine 1990 erschienenen Erinnerungen *Nackt hinter der Schutzmaske* mit zeitlichem Abstand geschrieben. Formal ließ er sich von Max Frischs

---

[1] Johannes Jansen, *Liebling, mach Lack! Die Aufzeichnungen des Soldaten Jot Jot*. Idstein: Kookbooks 2004.

Dienstbüchlein inspirieren. Wüstefeld berichtet von der Willensanstrengung, die es kostete, das eigene Ich gegen das System der Fremdbestimmung zu behaupten. Der vergewaltigten Sprache begegnet er mit Sprachbewußtsein. Nach dem Reglement der Kaserne hätte es Jansens Aufzeichnungen gar nicht geben dürfen. Als sie bei einer Kontrolle entdeckt werden, schlägt hinter dem sogenannten Staatsfeind die Tür zum Arrest zu. Der Urlaubsschein wird einbehalten, die Staatssicherheit alarmiert. Und der Delinquent sitzt in seiner Zelle und schreibt einen Klagegesang voll bitterer Schönheit: »MARIONETTA (HERZENSDAME) SIE HABEN MIR ALLES GENOMMEN GESTERN WOLLTE ICH EINE REISE MACHEN DA HABEN SIE MIR DIE FÜSSE ABGESCHNITTEN MITSAMT DEN SCHUHEN DASS ICH NICHT MEHR FORTGEHEN KONNTE AUS DEM GEHEGE INS NÄCHSTE ZU DIR MARIONETTA DU WARTEST AUF MICH UND ICH LIEGE RÜCKLINGS MEINE LEBLOSEN FÜSSE IN DER HAND UND SCHWEIGE UND STAUNE WAS WIR AUSHALTEN GELERNT HABEN«.

Das Gehege, das an das nächste grenzt: Der Modellcharakter der schwer bewachten, mit Stacheldraht abgeriegelten Areale der NVA wurde nicht nur von Jansen gesehen. Den zumeist unfreiwilligen Soldaten des Sozialismus galten sie als Käfig im Käfig. Die Kaserne als DDR im kleinen – unter verschärften Haftbedingungen. Durs Grünbein spricht von der »innersten Zelle des Systems«, aus der zu entfliehen keinen Sinn hatte, war doch der Staat, in den man zufällig »hineingeboren« (Uwe Kolbe) war, nur das größere Gefängnis.

Jansen erkennt darin das »Matrjoschkaprinzip«. Die Situation der kleinsten Matrjoschka ist ausweglos. Jansen empfindet nicht die Geborgenheit, die ihr zuteil wird im Innern der ineinandergesteckten Figuren, sondern das absolute Eingeschlossensein. Selbst der Soldat auf Heimaturlaub hat einen versperrten Horizont vor Augen: »WENN ICH DEN KÄFIG ZEITWEILIG VERLASSE, TAUCHT HINTER DEM STACHELDRAHT WIEDER STACHEL-DRAHT AUF. DIE ANZAHL DER SCHRITTE BLEIBT BEGRENZT VON ZAUN ZU ZAUN UND ICH WECHSLE VON EINEM GEHEGE INS NÄCHSTE, DESSEN GRÖSSE SICH VERDOPPELT HINTER JEDEM KONTROLLPOSTEN.«

Dem eingemauerten Rekruten bleibt nur der Fatalismus: »Aber wenn ich es bedenke, was soll ich draußen. Draußen ist es auch kalt. Die Deutschen Dichter dichten und trachten nach Grenzübertritten«. Seine Grenzüberschreitungen finden auf Papier statt: Ungeachtet der Normierung der Vordrucke wandern Pinsel und Stift über die Formulare. Kein »Fahrziel«, keine »Einheit«, kein »Kontrollvermerk« wird hier mehr eingetragen. Statt der »Unterschrift des Kommandanten« erscheint das dunkle Symbol des »Matrjoschkaprinzips«, das einer Zielscheibe gleicht.

Die Mechanismen sind in jeder Armee der Welt die gleichen. Ihre Ideologien sind austauschbar. In *Fassonschnitt* läßt Jürgen Fuchs einen Major sagen: »Sie erfüllen Ihre in der Verfassung der DDR festgelegte Ehrenpflicht, unser sozialistisches Vaterland und den Frieden gegen jeden Feind zuverlässig zu schützen.« Im *Dienstbüchlein* von Max Frisch heißt es: »Was das Vaterland von uns verlangte, das bestimmte ja die Armee. Je höher der Offizier, um so vertrauter schien er mit dem Vaterland zu sein.« Freilich waren die Voraussetzungen, unter denen Frisch in der Schweizer Armee diente, andere. Seine Einberufung im September 1939 geschah vor der Gefahr eines deutschen Einmarsches in die Schweiz.

Das Szenario eines Nato-Überfalls auf die DDR war dagegen eines der absichtsvoll verbreiteten Schreckensbilder des Kalten Krieges. Ein Schreckensbild, das nur bedingt Wirkung zeigte. »Ich war nicht bereit, ›auf Befehl der Arbeiter- und Bauernregierung‹ jeglichen Gegner abzuwehren. Ich war nicht einmal bereit, irgendwen als Gegner zu bezeichnen«, schreibt Uwe Kolbe in dem Prosatext *Drei Episoden aus dem kalten Frieden*. Viel größer war die Angst, als Soldat des Warschauer Paktes nach Polen beordert zu werden, auf ähnliche Weise wie 1968, als die Nationale Volksarmee an der Niederschlagung des Prager Frühlings beteiligt war. »Die Vorstellung, per Befehl in einem NVA-Panzer in eines der Nachbarländer einfahren zu müssen, hat mich nie verlassen als große Gefahr und Angsttrauma«, hat Durs Grünbein in *Lose Blätter* (Herbst 2002) erklärt.

Vor allem für die in den fünfziger Jahren geborenen Autoren lag über der deutschen Wiederbewaffnung noch der Schatten zweier Kriege. Der Abscheu vor den Verbrechen der Vätergeneration begründete eine Haltung des Pazifismus, die sich auf Vertreter aus ebendieser Generation berufen konnte. Jürgen Fuchs zitiert mehrfach einen Satz aus Wolfgang Borcherts 1947 geschriebenem *Manifest*: »Wir werden nie mehr antreten auf einen Pfiff hin und Jawohl sagen auf ein Gebrüll.« Michael Wüstefeld legt seinen Aufzeichnungen einen Brief bei, den er vor der Einberufung an Franz Fühmann schrieb. Fühmann hatte in seinem Trakl-Essay *Vor Feuerschlünden* das Kairos-Erlebnis geschildert, durch das aus dem Wehrmachtssoldaten und überzeugten Nationalsozialisten ein Kommunist wurde, der Armeen und Kriege verabscheute.

Um so erschreckender war für die Nachgeborenen, daß die DDR mit der Einführung der Wehrpflicht 1962 und den grimmigen Aufmärschen im Stechschritt an Staatsfeiertagen an den Militarismus der Kaiserzeit und der Nationalsozialisten anknüpfte. Die Militarisierung der Gesellschaft begann schon in der Schule: Die vormilitärische Ausbildung war in den achtziger Jahren ein fester Bestandteil der Stundenpläne. Erich Honecker verkündete: »Keinen Bereich unseres gesellschaftlichen Lebens gibt es, der nicht von den Belangen der Landesverteidigung durchdrungen ist.« Nie fehlte der Hinweis auf die angebliche Gefahr, die durch den Westen drohte. Der ehemalige Dresdner Oberbürgermeister Walter Weidauer schrieb 1982 im Vorwort eines Buches über die Zerstörung Dresdens im Zweiten Weltkrieg, »daß die großen imperialistischen Staaten in der Nato unter der Führung der reaktionären, antisowjetischen Monopolgruppen in den Vereinigten Staaten von Amerika gewissenlos einen atomaren Krieg vorbereiten, um andere Völker und damit natürlich auch unser Volk, unsere Städte und Dörfer mit neuen Massenvernichtungswaffen auszurotten.« Dieses Vokabular ist typisch für das verbale Sperrfeuer des Kalten Krieges. Die Feindbilder, die zur selben Zeit in der Bundeswehr kursierten, standen denen aus dem Osten an Drastik kaum nach.

Den Betroffenen erschien der Wehrdienst in der DDR keineswegs als »wirkungsvoller Dienst am Frieden« – schon gar nicht als »edle, humanistische Tat«, wie Honecker 1982 formulierte. Leere Rituale, Quälereien, Angst und die unentrinnbare Uniformierung bestimmten das Rekrutendasein. »Ich stehe am Zaun und bewache mich selbst«, lautet das Fazit von Jürgen Fuchs. Auch Durs Grünbein gab sich keinerlei Illusionen hin über die Existenz als NVA-Soldat: »Nach den Gesetzen seines paranoiden Staates ist er als vereidigter Rekrut zu einer Nummer im Wehrpaß geworden, in seiner Wirklichkeit jedoch, und nur diese zählt, zu einer Geisel im Kriegsfall. Er ist auf den Status eines Leibeigenen reduziert; was immer man ihm befiehlt, muß er ausführen.«

In den letzten Jahren waren es vor allem Lyriker, die ihre Erfahrungen in der Armee als Material für Texte heranzogen. Christian Lehnert findet in seinem Gedichtband *Der gefesselte Sänger* beklemmende Bilder für die Ohnmacht des Bausoldaten, als der er Ende der achtziger Jahre in Prora Dienst tat. In dem Gedicht *blind endendes gleis* heißt es: »die // stampfenden akkorde einer pulsenden halle, / in der ich nur staunend gehorchte, eins / mit den befehlen, die mich singend in knochenhöhlen, / in reih und glied durchstreiften«.

Lutz Seiler sucht in dem Zyklus *altes objekt* den Ort auf, an dem er als Soldat stationiert war. Am Stadtrand von Merseburg gelegen, nutzte zuerst die Wehrmacht, später die NVA die Gebäude als Kaserne. Dazwischen dienten sie als Flüchtlingslager. Nach der Wende gab es hier einen Gewerbepark. In dieser historischen Abfolge spiegelt sich das 20. Jahrhundert mit seinen Brüchen. Heute findet man nur noch Reste von alldem. Seiler schreibt: »ich sah die aufgegebnen flaggen von / citroën am alten panzerplattenweg; ein toter / xantia-handel«. Schritt für Schritt stößt er auf Vertrautes inmitten des Verfalls: »da stand dein bett, wo jetzt / zwei birken schlafen«. Erinnerungen werden wach an den Drill und die Einsamkeit des Soldaten: »das / onanieren auf posten & frieren«.

Auch Durs Grünbein kennt die Anziehungskraft der Tatorte. In dem Band *Der letzte Limes*, der Fotografien der einstigen innerdeutschen Grenze versammelt, widmet er einige Seiten den rostigen Grenzanlagen, den verlassenen Zollgebäuden und den noch immer leuchtenden Blumenmustern auf der Tapete in der Wachstube. Grünbein, der sich einst weigerte, an der Staatsgrenze zu patrouillieren, schreitet die zerbrochenen Gitterstäbe des einstigen Käfigs ab. Er bleibt vor einer Birke stehen, die unvermutet aus dem Beton sprießt. »Der Limes ist abgerissen«, spricht er sie an, »die Zyklopenmauer mit Bulldozern geschleift, und du stehst immer noch dort am zerfallenden Wachzaun, das Haar mit der halben Kopfhaut verstrickt in den Stacheldraht.« Verstrickt in den Stacheldraht – ist es nicht auch der Autor dieser Zeilen?

Johannes Jansen sprach von den abgeschnittenen Füßen und fand damit eine erschütternde Metapher für seine Verhaftung. Aus der zeitlich begrenzten »Situation eines Mannes im Käfig« war ein immerwährender Zustand geworden. Die Zelle spuckte ihren Insassen wieder aus. Er aber blieb ein Gefangener: ein Gefangener seiner Erinnerungen. Nicht anders ergeht es Grünbein. In seinen Berliner Aufzeichnungen *Das erste Jahr* heißt es unter dem 13. August 2000: »Auch wenn die ewig Verschaukelten den einstigen Groll längst in den trüben Fluten der Nostalgie ersäufen, es genügt, sich der eigenen Ohnmacht zu erinnern, um zu wissen, wie tief man einmal erniedrigt worden war.«

Das Trauma sitzt tief. Wie anders läßt es sich erklären, daß die Flut bunter Bilder aus der DDR die Armee ausspart? Warum nimmt sich kein Erzähler dieses Stoffes an? Den einzig nennenswerten Roman über die NVA, der seit der Wende erschienen ist, hat Christoph D. Brumme mit *Tausend Tage* geschrieben. Er erschien 1997, ohne auf große Resonanz zu stoßen. Erzählt wird von dem achtzehnjährigen Kian, der sich für drei Jahre verpflichtet und daran fast zerbricht. Bedenkt man, daß seit Einführung der Wehrpflicht fast dreißig Jahrgänge ostdeutscher Männer nahezu komplett zur Armee eingezogen wurden, ist das erstaunlich wenig. Es kann nur eine Frage der Zeit sein, bis dieses Thema von der Literatur wiederentdeckt wird.

Schon seit einigen Jahren arbeitet Ingo Schulze an einem Roman, in dem die NVA den Traum eines Jungen, Schriftsteller zu werden, auf bemerkenswerte Weise fördert: »Hatte ihn zuvor sein JA zum Wehrdienst gequält, so sah er in der Armee plötzlich die Hölle, deren Beschreibung ihm die Chance bot, ein kleiner Dante zu werden. Und tatsächlich inspirierte ihn nichts so sehr wie dieses Umfeld.« In seiner Dankrede zur Verleihung des Joseph-Breitbach-Preises 2001 sprach Schulze von den Schwierigkeiten, die sich ihm bei der Arbeit an dem Roman in den Weg stellten. »Vollführte ich nicht postdissidentische Gesten, die schon vor 89 kaum noch angemessen gewesen wären, raunte ich nicht von einer Insel der Glückseligen her, dem Schiffbruch entschwommen, erbauliche Gruselgeschichten ins Land?«

Damit hat Schulze das Dilemma desjenigen beschrieben, der von der NVA erzählen will. Es ist ein schmaler Grat, der sich zwischen dem Pathos larmoyanter Dissidentenprosa und der Nostalgie erbaulicher Gruselgeschichten erhebt.

Wenn im Zuge der Ostalgie die DDR selbst zur Insel der Glückseligen wird, erscheint ein wenig Grusel jedoch angebracht.

Die Aufzeichnungen von Johannes Jansen lehren uns das Gruseln, ohne erbaulich zu sein. Dem steht ihre Authentizität entgegen und die Unmöglichkeit, sie für ein fröhliches DDR-Revival zu instrumentalisieren. In ihnen verdichtet sich die Erfahrung derer, die den Wehrdienst in der DDR als körperliche und seelische Vergewaltigung empfanden. Für diese Erfahrung steht das Bild des Käfigs. Wie einst der auch in seinen Irrtümern große Ezra Pound in seinem Pisaner Käfig, hockt der »Soldat Jot Jot« in der Arrestzelle, dem finstersten Punkt der Kasernenwelt, und sehnt sich nach der fernen Geliebten, die einmal Marionetta heißt und ein andermal Marianne wie die Freiheitsikone der französischen Republik. Was liegt näher »in einem Haufen Beton und Draht«, als sich wie eine eingemauerte Ratte zu fühlen, wie ein Tier im Käfig?

Mit dieser Assoziation steht Jansen nicht allein. In *Fassonschnitt* schreibt Jürgen Fuchs: »Ich werde zu etwas gezwungen und erlebe, daß ich mich zwingen lasse. Bin unglücklich, unter Druck, wie das Tier im Zirkus, das eine Nummer beigebracht bekommt von trickreichen Dompteuren, die auch mal zur Peitsche greifen. Ich kann nicht weglaufen.«

Durs Grünbein ließ sich in den neunziger Jahren zu einer Reihe von Gedichten inspirieren, die an den Panther im Pariser Jardin des Plantes erinnern, von dem Rilke schreibt: »Sein Blick ist vom Vorübergehn der Stäbe / so müd geworden, daß er nichts mehr hält. / Ihm ist, als ob es tausend Stäbe gäbe / und hinter tausend Stäben keine Welt.« Nach dem Mauerfall, als auch der größere Käfig offen stand, hat Grünbein begonnen, in den Städten der Welt nach jenen Tieren Ausschau zu halten, die ihm sein eigenes Schicksal als Soldat der DDR vor Augen führten: zu einer Zeit, die ihn »mit der Skepsis des doppelt Inhaftierten beladen hat«. Diesen Tieren hat er immer wieder Gedichte gewidmet: einem Fennek, »angekettet an ein rostiges Gitter« in der Altstadt von Sanaa, einem hilflosen Pinguin bei der Tierschau im New Yorker Aquarium und einer gähnenden Gepardin, »Gefangne des Zements« im Moskauer Zoo.

Adorno kritisiert in den *Minima Moralia* die Hagenbeckschen Anlagen, in denen die Zootiere ohne Gitter, aber hinter Gräben ausgestellt werden: »Sie verneinen die Freiheit der Kreatur um so vollkommener, je unsichtbarer sie die Schranken halten, an deren Anblick die Sehnsucht ins Weite sich entzünden könnte ... Der Tiger, der endlos in seinem Käfig auf und ab schreitet, spiegelt negativ durch sein Irresein etwas von Humanität zurück, nicht aber der hinter dem unüberspringbaren Graben sich tummelnde.«

Der in die Kaserne gesperrte Rekrut der NVA kam nicht umhin, die DDR als Käfig zu begreifen. Die Holzpodeste, auf die man in West-Berlin stieg, um einen Blick hinter die Mauer zu werfen, geben exakt die Situation des Zoobesuchers wieder, der aus sicherem Abstand die resignierten Geschöpfe auf der anderen Seite des Limes beäugt.

Hungerkünstler gibt es wirklich

Zu einer Erzählung Franz Kafkas

Von Thorsten Oye

Die Erzählung *Ein Hungerkünstler* nimmt in mehrerer Hinsicht eine Sonderstellung in Franz Kafkas Gesamtwerk ein. Nicht nur wurde sie noch auf dem Krankenbett letzten Überarbeitungen unterzogen und im berühmten Testament eigens von einer Vernichtung ausgenommen. Zudem handelt es sich auch um eines der wenigen Prosastücke des Schriftstellers, die noch zu seinen Lebzeiten eine Veröffentlichung erfuhren, genauer gesagt in der Oktoberausgabe der *Frankfurter Rundschau* des Jahres 1922.

Keinem anderen Text aus Kafkas Spätwerk ist von der literaturwissenschaftlichen Forschung mehr Beachtung geschenkt worden.[1] Mehr als dreißig ausführliche Interpretationsversuche sind bisher erschienen. Bemerkenswert ist beim Vergleich der Sekundärliteratur, mit welcher Vielfalt die Protagonisten der Erzählung von der Forschung interpretiert wurden. So steht der Hungerkünstler beispielsweise für Gott, einen Nachfolger Christi, eine Jahvefigur, dann wieder für einen Geistesmenschen, Mystiker, Heiligen, Priester – oder als eine Chiffre für Kafka selbst: Insgesamt gibt es fünfunddreißig verschiedene Deutungen.

Die Uneinigkeit der Forscher bei der Suche nach der Auslegung weist auf ein Grundproblem der Literaturwissenschaft hin. Die Deutungsverwirrung der Interpreten liegt nicht darin begründet, daß die »objektiv richtige« Auslegung noch nicht gefunden wurde. Vielmehr läßt sich die Verzweigung möglicher Deutungsmuster dadurch erklären, daß von Forscherseite oft der Versuch unternommen wird, Teilelemente der Erzählung in eine andere Sinndimension zu transferieren.[2] Durch die Deutung beispielsweise des Hungerkünstlers nicht als eines Artisten und des Panthers nicht als eines Vertreters der biologischen Spezies Panthera pardus, sondern als Allegorie, Symbol, Gleichnis, Chiffre oder Repräsentant des eigentlichen Sinns werden nahezu unzählige Verweisszenarien möglich. Wenn der Hungerkünstler so zu einem Nachfolger Christi umgedeutet wird, eröffnet sich eine neue Lesartmöglichkeit der Erzählung, die Protagonisten und Handlungen können weiter mit (passenden) Variablen einer Glaubenslehre konnotiert und innerhalb dieser interpretiert werden.

Im Folgenden soll unter Zuhilfenahme zeithistorischer Faktoren untersucht werden, inwieweit sich Verweise auf das zu Kafkas Lebzeiten tatsächlich existierende Artistengewerbe der Hungerkünstler in der Erzählung ausmachen lassen – was den umstandslos ins Transzendente verweisenden Interpretationsentwürfen zu denken geben sollte.

Für viele modernere Interpreten ist ausgemacht, daß es sich bei den Hauptfiguren der Erzählung um Elemente eines abstrakt verschlüsselten poetischen Codes handeln muß, den es in eine allgemeinverständliche Sprache zu übersetzen gilt. Aber das Artistengenre der Hungerkünstler war noch wenige Jahre vor Kafkas Tod ein besonders in Europa überaus beliebtes und weit verbreitetes! In der *Breslauer Zeitung* vom 28. November 1928 heißt es: »Es kommen nicht plötzliche Geschehnisse, Handlungen, die als

---

[1] Vgl. Harald Fricke, *Literatur und Literaturwissenschaft*. Paderborn: Mentis 1991.

[2] Vgl. Lutz Danneberg / Friedrich Vollhardt (Hrsg.), *Vom Umgang mit Literatur und Literaturgeschichte*. Stuttgart: Metzler 1992.

ein Unbegründetes jegliche Realität in
Kafkas Welt entbehren müssen. Umso
stärker drängt sich uns die Realität, die
unheimliche Seelenwelt dieser Hungerkünstler, Trapezkünstler oder dieser
Mäusesängerin auf. Wir geraten in eine
Welt der Beziehungen, die ganz das all-
tägliche Kleid trägt und dadurch umso
dämonischer erscheint. Das Buch ist die
letzte Gabe eines Toten, denn Kafka
starb im Juni letzten Jahres.«

In einer der ersten zeithistorischen Be-
sprechungen zu Kafkas Sammelband mit
thematischen Novellen hegt der Rezen-
sent H. O. noch keinen Zweifel daran,
daß es sich hier um aus der damaligen
Zeitepoche stammende Artistenerzäh-
lungen handeln muß, hebt sogar die
Realitätsnähe und Alltäglichkeit besonders hervor. Entgegen all den abstrakten
hermeneutischen Zirkeln, die von der
nachfolgenden Kafkaforschung konstituiert wurden, lassen sich aber noch weitere Anhaltspunkte dafür finden, daß in
der Erzählung tatsächlich über einen für
Geld hungernden Künstler gesprochen
wird. Denn Kafka besaß zeitlebens ein
sehr ausgeprägtes theoretisches Interesse
sowohl am Zirkus wie auch am Artistengenre selbst: Fachblätter wie *Artist* und
Proscenium las er regelmäßig zumindest
bis 1917, letztere Zeitschrift ließ er sich
auf Reisen sogar extra nachschicken.[3]

Ein Blick auf die Anfänge der modernen Hungerkunst Ende des 19. Jahrhunderts zeigt weiter, daß es in der Erzäh-

lung prägnante Ähnlichkeiten mit historischen Fakten gibt. So sind beispielsweise der Impresario, die Wächter, die
Wetten, die Wutanfälle des Hungerkünstlers, die feierliche Beendigung der
Hungerperiode, die Popularität des
Hungernden oder sein Tod als Folge der
Zurschaustellung reale, das damalige Artistengewerbe begleitende Erscheinungen gewesen.

Der erste Vertreter der modernen
Hungerkunst war Dr. Henry Tanner, der
im Sommer des Jahres 1880 beschloß,
vierzig Tage auf jegliches Essen zu verzichten und lediglich Wasser zu sich zu
nehmen. Tanner wurde rund um die Uhr
bewacht und zudem einer ständigen
ärztlichen Versorgung unterzogen. Um
die Jahrhundertwende war Schauhungern schließlich aufgrund des enormen
Publikumsinteresses ein finanziell äußert einträgliches Geschäft und verbrei-
tete sich nahezu in ganz Europa. Giovanni Succi war mit Abstand der berühmteste Hungerkünstler der damaligen Zeit
und zog 1886 während einer dreißigtä-
gigen Hungerperiode in Mailand sogar
viele ausländische Besucher an. Wegen
seiner enormen Popularität unternahm
er in der Folge eine Tournee durch die
Metropolen Europas. Interessant ist weiter, daß auch Succi, wie im übrigen all
seine Kollegen, stets mit der allerdings
oft berechtigten Beschuldigung des Be-
truges leben mußte.[4]

Neben dem Betrugsvorwurf begleite-

---

3   Vgl. Walter Bauer-Wabnegg, *Monster und Maschinen, Artisten und Technik in Franz Kafkas
    Werk*. In: Wolf Kittler/Gerhard Neumann (Hrsg.), *Franz Kafka. Schriftverkehr*. Freiburg:
    Rombach 1990.

4   Ausgerechnet bei Succis publikumswirksamer Wiener Darbietung kam es zu folgendem
    überaus peinlichen und durch die Presse naturgemäß reichlich gewürdigten Vorfall: »Ein
    Arzt behauptete, er habe Succi am 25. Hungertag zufällig in seinem Zimmer überrascht,
    wie dieser gerade ein Beefsteak aß und von einem Kellner ein Glas Sekt eingeschenkt be-
    kam. Nach Prüfung der Sachlage mußte man schließlich zugeben, daß die Hungertour ge-
    nau genommen nicht 30, sondern nur 25 Tage gedauert hatte.« Auch Riccardo Sacco, Suc-
    cis Nachfolger, sorgte 1907 für einen ähnlich publicityträchtigen Vorfall, der zudem noch
    vor Gericht verhandelt wurde. Der Künstler hatte sich gegenüber dem Elberfelder Thalia-
    Theater verpflichtet, 46 Tage zu fasten. Die Hungerkur wurde aber nach 20 Tagen abgebro-
    chen. Sacco wurde angezeigt und zu 500 Mark Geldstrafe verurteilt, da er von seinem Wär-
    ter Bonbons bekommen hatte. Nun konnte er das Gericht aber davon überzeugen, daß die
    Bonbons nicht gegen den Hunger, sondern nur als Mittel gegen seinen Husten eingesetzt
    worden waren. www.chronikverlag.de/tageschronik/0512.htm (24.04.2004).

te die Hungerkünstler aber auch ständig das Unverständnis von Zeitgenossen, die in der zwangvollen Nahrungsabstinenz alles andere als eine kunstvolle, anerkennungswürdige Leistung sahen. In Wien, wo die Eßkultur traditionellerweise einen hohen Stellenwert einnimmt, rief die Bekanntgabe der künstlichen Enthaltsamkeit Succis postwendend Kritik, Mißtrauen, aber auch das Mitleid der Einwohner hervor. Schon in den ersten Hungertagen hatte Succi daher zahlreiche Geschenke erhalten, darunter auch zwei paar Würstchen mit den beigefügten Zeilen: »Wir Wiener lieben keine mageren Leut', / Haben nur an Dicken große Freud. / Wir sind so gut, erbarmst uns sehr, / Zwei Würstel senden wir daher.«

Eine Verbindung zwischen Kafkas Erzählung und damaligen Zeiterscheinungen besteht demnach darin, daß sich der besonders kritische, ungläubige Bevölkerungsteil, welcher der Künstlerintention am wenigsten abgewinnen kann, aus »Fleischhauern«, wie es im *Hungerkünstler* heißt, und Wurstliebhabern rekrutiert. Aber auch bezüglich der Betrugsvorwürfe sowie der Zuschauerintoleranz lassen sich faktische Nachweise eventueller Vorlagen finden.

Aufgrund der sich häufenden Betrugsskandale wurden immer intensivere Überwachungsmaßnahmen eingeführt, um die finanzielle Einträglichkeit der Darstellung nicht zu gefährden und um kritische Stimmen möglichst schon im Vorfeld einer Veranstaltung verstummen zu lassen. Während die ersten modernen Hungerkünstler vor der Jahrhundertwende sogar noch innerhalb der Fastenperiode am öffentlichen Leben teilnehmen konnten, ließen sich spätere Vertreter einsperren oder gar einmauern, um die Glaubwürdigkeit ihrer Performance zu erhöhen. Die Wächter, der abge-

schlossene Käfig und die damals gerade erfundene Taschenlampe bilden dabei einen ersten Höhepunkt der dann immer akribischer werdenden Überwachungsmethoden.

Das Unverständnis, mit dem die Mitglieder dieses Artistengenres damals konfrontiert waren, wird an einer weiteren Anekdote deutlich, die Riccardo Sacco 1904 während einer Performance auf dem Münchner Oktoberfest widerfuhr. Nachdem der Künstler sich in einem Glaskasten einsperren ließ und verkündet wurde, er werde von nun an vierzehn Tage nichts essen, kam es zu tumultartigen Protesten. Der Unmut der Menschen führte schließlich dazu, daß Sacco nach zwei Tagen »befreit« und zum Essen in ein nahegelegenes Café geführt wurde: Durch ein gutmütiges Publikum, das in seinem Fastenvorhaben lediglich etwas Unnatürliches und Lebensverneinendes sieht und das ihn zudem noch mit völliger Ignoranz seiner Kunstintention straft, wird Sacco um den Lohn seiner Mühe gebracht.[5] Diese realen geschichtlichen Ereignisse als Parallelen zu Kafkas Erzählung, die beispielsweise in der vierzigtägigen Hungerperiode, den Wächtern, dem Unverstand der (fleischliebenden) Mitmenschen, den Betrugsvorwürfen oder der finanziellen Dominanz über den Artistenstolz ihren Niederschlag finden, sind Indizien, daß hier für eine ins Symbolische oder Allegorische abschweifende Interpretation eigentlich wenig Anlaß besteht.

Historische Fakten können zudem Hinweise dazu liefern, warum als bedeutungstragender Wendepunkt der Erzählung die ungeklärte »Abneigung gegen das Schauhungern« einsetzt. Da noch 1913 der Film *Der Hungerkünstler* in die deutschen Filmtheater kam, wird man für diesen Zeitpunkt zumindest noch ein

---

[5] *Ein Hungerkünstler*: »Und wenn sich einmal ein Gutmütiger fand, der ihn bedauerte und ihm erklären wollte, daß seine Traurigkeit wahrscheinlich von dem Hungern käme, konnte es, besonders bei vorgeschrittener Hungerzeit geschehn, daß der Hungerkünstler mit einem Wutausbruch antwortete und zum Schrecken aller wie ein Tier an dem Gitter zu rütteln begann.«

Film in der edition text + kritik

Hans-Michael Bock (Hg.)
CineGraph Kompakt
Kompakt-Lexikon zum
deutschsprachigen Film
etwa 500 Seiten
ca. € 25,--/sfr 43,80
ISBN 3-88377-780-3

»CineGraph Kompakt« ist die
Studienausgabe des seit 20 Jahren
im Verlag erscheinenden großen
Loseblattwerks »CineGraph –
Lexikon zum deutschsprachigen
Film«. 450 Bio-Filmografien zu
Personen der deutschsprachigen
Filmgeschichte von den Anfängen
bis zur Gegenwart in komprimier-
ter Form, ergänzt durch kurze
Übersichtstexte und Informations-
tafeln zu filmhistorisch relevanten
Epochen und Themenkomplexen,
machen dieses Nachschlagewerk
zu einem Einstieg in die deutsche
Filmgeschichte.

Hans-Michael Bock (Hg.)
CineGraph
Lexikon zum deutschsprachigen
Film
Loseblattwerk, zur Zeit etwa
9.000 Seiten in sieben Ordnern
€ 172,50/sfr 281,--

CineGraph bietet biografische
Informationen, Auszeichnungen,
Bibliografien sowie detaillierte
Filmografien zu über 900 Film-
schaffenden. Damit ist das Lexikon
umfassendes Nachschlagewerk,
aktuelles Handbuch und wissen-
schaftliches Kompendium in einem.

FILMEXIL 20/2004
Filmexil Moskau
Herausgegeben vom Filmmuseum
Berlin – Deutsche Kinemathek
etwa 60 Seiten, zahlr. Abb.
€ 9,--/sfr 16,60
ISBN 3-88377-778-1

edition text + kritik
Postfach 80 05 29 | 81605 München | Levelingstraße 6a | 81673 München
info@etk-muenchen.de | www.etk-muenchen.de

Neu bei Mohr Siebeck

Andreas Anter
Die Macht der Ordnung
Aspekte einer Grundkategorie des
Politischen

»Was ist Ordnung?« Andreas
Anter nimmt diese Kernfrage der
Sozialwissenschaften systematisch
und ideengeschichtlich in den
Blick, zeigt die vielgestaltigen
Phänomene der Ordnung und
erschließt die disparaten Ord-
nungsdiskurse der Moderne.

2004. XII, 311 Seiten. ISBN 3-16-148370-7
Leinen € 59,–

Georg Zenkert
Die Konstitution der Macht
Kompetenz, Ordnung und
Integration in der politischen
Verfassung

Der heutigen Politikverdrossen-
heit entspricht das theoretische
Unvermögen, einen präzisen
Begriff von Politik zu fassen. Der
Grund dieses Defizits liegt in der
ungeklärten Beziehung von Politik und Macht. Teils wird Politik
als bloße Machtausübung denun-
ziert, teils als Normierung der
Macht überhöht. In beiden An-
sichten erscheint der Zusammenhang verkürzt. Demgegenüber
entwickelt Georg Zenkert eine
normative Konzeption politischer
Macht.

2004. VI, 454 Seiten (PhU 12).
ISBN 3-16-148484-3 Leinen € 79,–

Marina Sassenberg
Selma Stern (1890-1981)
Das Eigene in der Geschichte
Selbstentwürfe und Geschichts-
entwürfe einer Historikerin

Selma Stern (1890-1981), die
»große alte Dame der deutsch-
jüdischen Geschichtswissen-
schaft«, schuf ein umfangreiches
Werk zur deutsch-jüdischen
Geschichte in der Neuzeit. Marina
Sassenberg untersucht das Zusam-
menwirken von Biographie und
Geschichtsverständnis einer der
ersten deutschen Historikerinnen
und der ersten Frau in der Wissenschaft des Judentums.

2004. 293 Seiten (SchrLBI 69).
ISBN 3-16-148417-7 Leinen € 69,–

Selma Stern
Der Hofjude im Zeitalter des
Absolutismus
Herausgegeben von Marina
Sassenberg

Die deutsch-jüdische Historikerin
Selma Stern (1890-1981) untersuch-
te Mythos und Wirklichkeit, Aufstieg und Niedergang von Hoffak-
torendynastien wie Behrens,
Ephraim, Gumperts, Itzig, Kann
oder Wertheimer. Marina Sassenberg präsentiert die deutsche
Erstveröffentlichung.

2001. X, 284 Seiten (SchrLBI 64).
ISBN 3-16-147662-x Leinen € 64,–

Mohr Siebeck
Postfach 2040
D-72010 Tübingen

Fax 07071 / 51104
e-mail: info@mohr.de
www.mohr.de

hypothetisches Zuschauerinteresse an diesem Artistenzweig unterstellen können. Das änderte sich in den Folgejahren allerdings schlagartig: Mit dem aufkommenden Leid und Elend, das der Erste Weltkrieg über weite Teile Europas gebracht hatte, ließ das Interesse am Kunsthungern verständlicherweise nach.

Ein weiterer möglicher Grund für die Wendung des Zuschauergeschmacks kann in der Tatsache begründet liegen, daß genau in der Zeit, in der Kafka seine Erzählung schrieb, weite Teile Rußlands von einer der schwersten Hungersnöte seiner Geschichte heimgesucht wurden. Die Prager Presse berichtete monatelang mit Reportagen und Bilddokumentationen über die Ereignisse, und sogar ein Film mit dem Titel *Die russische Hungersnot* kam in die Kinos. Kein Geringerer als Maxim Gorki versuchte mit einem dramatischen Aufruf im Juli 1921 die Weltöffentlichkeit auf das Leid seiner Landsleute aufmerksam zu machen. Und in der Tat rief etwa ein halbes Jahr später auch das *Prager Tageblatt* eine großangelegte Aktion »Hilfe für Hungernde in Rußland« ins Leben, die aller Wahrscheinlichkeit nach auch Kafka finanziell unterstützt hat.

Als letzter Punkt ließe sich noch ergänzen, daß auch die soziokulturelle Verbreitung medialer technologischer Innovationen um die Jahrhundertwende massiv zugenommen hatte und so zum Popularitätsschwund der damaligen Artistengenres beitrug. Der Kinematograph oder das Mutoskop waren durch die Attraktion der beweglichen Bilder naturgemäß spektakulär. Viele Akrobaten ließen sich zudem von den Filmunternehmen abwerben. Auch in Kafkas Erzählung nimmt die reproduzierende Technik einen zentralen Stellenwert ein: Indem der Impresario den erregten Hungerkünstler dadurch unter Kontrolle bringt, daß er wahrheitsverfälschende Photographien verkauft, vertauscht er Original und Kopie.

»Doch hatte für solche Zustände der Impresario ein Strafmittel, das er gern anwandte. Er ... kam dann in Zusammenhang damit auch auf die ebenso zu erklärende Behauptung des Hungerkünstlers zu sprechen, er könnte noch viel länger hungern, als er hungere; lobte das hohe Streben, den guten Willen, die große Selbstverleugnung, die gewiß auch in dieser Behauptung enthalten seien; suchte dann aber die Behauptung einfach genug durch Vorzeigen von Photographien, die gleichzeitig verkauft wurden, zu widerlegen, denn auf den Bildern sah man den Hungerkünstler an einem vierzigsten Hungertag, im Bett, fast verlöscht vor Entkräftung. Diese dem Hungerkünstler zwar wohlbekannte, immer aber von neuem ihn entnervende Verdrehung der Wahrheit war ihm zu viel.«

Walter Benjamin hat im *Kunstwerk*-Aufsatz das Problem auf den Punkt gebracht: »Die Reproduktionstechnik, so ließe sich allgemein formulieren, löst das Reproduzierte aus dem Bereich der Tradition ab. Indem sie die Reproduktion vervielfältigt, setzt sie an die Stelle seines einmaligen Vorkommens sein massenweises.« Denn die technische Reproduktion wirkt ohne die ehrfurchteinflößende Aura und Autorität des Originals, ohne historische Trägersubstanz. Auch in Kafkas Erzählung verfälschen die Photographien die Wahrheit, fungieren als eine weitere Komponente, die den Künstler um Ruhm und Anerkennung bringt. Das Vorzeigen der vermeintlich dokumentarischen Photos durch den Impresario raubt auch dem zuvor noch aufbegehrenden Hungerkünstler die Autorität, läßt ihn geschlagen und seufzend ins Stroh zurückfallen.

Unter Berücksichtigung von Benjamins These, daß sich durch die technische Vervielfältigung von Kunstwerken deren Ausstellungswert zwar erhöht, dies aber zugleich auch den Verlust des Kultwerts bewirkt, kann die Veröffentlichung des Kinofilms über die Hungerkunst aber auch anders gelesen werden: Statt als Indikator eines noch florierenden Artistengewerbes zu fungieren, wäre Saccos Leinwandpräsenz so ein Beispiel für den skizzierten Vertauschungsprozeß von Original und technisch erstellter Reproduktion und damit mitverantwortlich für das Aussterben des Publikumsinteresses am Schauhungern.

Das Publikumsinteresse am Genre der Transzendenzinterpretation aber ist ungebrochen. Hungerkünstler gab es zwar wirklich, als Kafka seine Erzählung schrieb, doch warum sollte es sich bei ihnen nicht um einen verhüllten Christus oder Jahve gehandelt haben? Wenn es denn nicht, Gott behüte, sogar ein Germanist gewesen ist, der aber naturgemäß als Symbol, Allegorie oder Chiffre für etwas ganz anderes steht.

Schlimme Orte

Von Helmut Niemeyer

Diß Leben kömmt mir vor als eine Renne-Bahn.
Andreas Gryphius

(Offenbar ein irreführendes Motto, soll es doch hier nicht um Läufer, sondern um Festgehaltene gehen – jedoch da, wo andere sonst laufen, und vielleicht eher am Ziel als diese.)

Nach den Spielen 1936 ließ sich Karl Valentin im leeren Olympiastadion fotografieren. Winzig und mager, mit steifem Hut, altmodisch wie ein Scherenschleifer:»um mich herum saß nirgends niemand – das große Schweigen ringsumher war still und lautlos.«

Unbenutzt zeigen Stadien erst recht ihre massive Funktionalität. Unten die Show, ringsum darüber das Publikum. Aktionsfläche und ansteigende Sitzreihen. Innenräume dazu für allerlei Zwecke. Treppen, Aufzüge, Flure, Gänge. Je größer, desto mehr von allem, im Prinzip aber immer gleich: fast beliebig auffüllbar. Massenchöre, Bands, Sänger. Missionare und Entertainer mit Stäben und Helfern. Eröffnungen oder Abschlüsse von Parteitagen oder Verbandstreffen. Polizeiliche Motorradpyramiden, Reiterquadrillen. Trooping the Colour, Papstmessen, Eisrevuen, große Opern. (Alles zugleich bei der Trauerfeier im Yankee-Stadion NY am 23. September 2001.) Auch Anlässe für feine Garderoben in teuren Logen. Bewegung, Farbe, Akustik fürs Geld. Touristisch attraktive Inszenierungen in antiken Arenen und Theatern, alles geht, Hauptsache großformatig.

Wie aber steht es um Kulissen, die eigentlich keine sind, wo sonst bei richtigen Stierkämpfen richtiges Blut – Tierblut sicherlich, Menschenblut vielleicht – in richtigen Sand fließt? Singt Carmen dort besonders schön, ehe der Bühnendolch sie rollengemäß tötet?

Wer weiß noch, was für Karten im Spiel waren, wenn Raubmörder den Kopf verloren angesichts von Choristen, die als Erinnyen verkleidet auftraten. Freilich mußte auch Natur noch das Ihre tun, damit die Täter sich verrieten, »die Szene« zum »Tribunal« werden konnte. Zugvögel unter griechischem Himmel über griechischem Theater. *Die Kraniche des Ibykus.* Schiller, Jena 1797. So überholt die Kunst das Leben.

Ins Theater befahl während des Hannibalischen Krieges der römische Kommandant von Enna/Sizilien die Bürger der Stadt, deren Übertritt zum Feind er befürchtete. Er ließ sie an Ort und Stelle umbringen. Vermutlich war er weder ein großer Sadist noch ein eigenwilliger Theaterfreund, sondern einfach ein Mann der Praxis. Da hatte er die Leute beisammen, die Ausgänge waren leicht zu blockieren. So überholt das Leben die Kunst.

Einmalig? Wohl kaum. Doch nicht zu verwechseln mit den üblichen Gladiatorenkämpfen und Tierhetzen, aufwendigen Schaustellungen, die als solche konsumiert wurden. Leichenpreise variabel nach Tageszeit, Sterben unter Johlen und Beifall des Publikums auf subventionierten Plätzen, getötet zum Vergnügen der Einwohner. Spiele auch das.

In Spanien sollen seinerzeit die Republikaner vorwiegend Fußballfans, die Nationalisten Stierkampfanhänger gewesen sein, liest man gelegentlich. Fortschritt gegen Reaktion, wie es sich gehört. Wohin dann mit Picasso und vielen anderen? Stierkämpfer, die mit erhobener Faust in die Arena zogen, große Corridas für die Volksfront vertragen sich schlecht mit der »Leyenda Negra«, nichtsdestoweniger gab es sie. (Die »Schwarze Legende« hat vor allem Frankreich im 18. und 19. Jahrhundert eifrig gepflegt. Spanien als Inbegriff von Finsternis, Perversion und Rückständigkeit. Da biß sich Napoleon die ersten Zähne aus: »Westbarbaren« – »Sind zurück um tausend Jahre / In moderner Weltgesittung – / Meine eignen Ostbarbaren / Sind es nur um ein Jahrhundert.« Heine im *Atta Troll*.)

Vorzüglich dagegen paßte es in dies Bild, wenn die Nationalisten ihre Opfer angeblich besonders gern in Stierkampfarenen, am liebsten vor den Augen von Priestern und besseren Damen in Mantilla, umbrachten. Geschichten dieser Art schätzte die Propaganda der anderen Seite, auch im neutralen Ausland kamen sie an. Was nicht heißen soll, daß Francos Leute (nur von denen ist gerade hier die Rede) nicht in Arenen Bluttaten begangen hätten. Allerdings nicht, um abartige Vorlieben aristokratischer, bourgeoiser oder klerikaler Anhänger zu bedienen, sondern weil sich Arenen leicht absperren lassen und als Sammelstellen trefflich eignen. Das haben sie mit antiken Theatern, modernen Stadien, Großsporthallen und Rennbahnen gemein-

sam, wie auch die vielfältige Verwendbarkeit.

Wettkämpfe, Mannschaftsspiele, Konzerte, Bühnenstücke, Reden, Predigten, Aufmärsche aller Art (selbst Hinrichtungen vor Zuschauern und laufenden Kameras in der Volksrepublik China): keine Darbietung ohne Zuschauer. Was aber, wenn gar nichts gezeigt werden soll, im Gegenteil? Auch dafür sind Bauten der genannten Art vorzüglich geeignet, weil ohne große Mühen zu füllen und zu verschließen.

In einfachen Landgasthöfen standen früher im Sommer Flaschen mit etwas süßem Saft herum. Fliegen und vor allem Wespen krochen, vom Geruch angezogen, durch den engen Hals hinein und kamen nicht wieder heraus. Eine simple, höchst wirkungsvolle Falle mit Beachtung des Freiwilligkeitsprinzips: Lockung, kein Zwang. Das gilt freilich nicht, wenn Menschen eingesammelt und an solchen Stellen abgeliefert werden. Die engen Eingänge gleichen trotzdem Flaschenhälsen. Schleusen, Sperrgitter, bewaffnete Posten – schon ist alles dicht.

Da kann man ziemlich viele Leute eine Weile halten. Die allernötigsten hygienischen Einrichtungen sind vorhanden. Strohschütten, Feldbetten, Decken lassen sich beschaffen und ausgeben (oder auch nicht), ebenso ordentliche Rationen (oder auch nicht). Belegbar ist mehr oder weniger alles, Innenräume, Zuschauertribünen, die Aktionsfläche. So werden Eingesammelte konzentriert und aufbewahrt bis zum Abtransport, bei Bedarf sortiert zu unterschiedlicher Weiterverwendung.

Am 3. September 1939 forderten in Paris Plakate alle männlichen Deutschen (ob – inzwischen ausgebürgerte – Emigranten oder Reisende mit gültigem Paß) auf, sich (mit Decke) im Stade de Colombe einzufinden. Zehn Tage hausten sie dort auf den Steinbänken der Tribünen (also mehr oder weniger im Freien). Das Stroh faulte, Wasser zum Waschen gab es kaum, die Männer spielten Karten. Dann wurden sie auf Lager im

Lande verteilt, einige später entlassen.
Im Mai 1940 ging es von neuem los.
Jetzt waren die Frauen dran. Sie kamen
ins Vélodrome d'Hiver, also immerhin
unter ein Dach. Alles andere wie gehabt:
Stroh auf Beton, Staub und Dreck, irgendwelche Verpflegung, Schlangen vor
Toiletten und Wasserstellen. Nach etwa
zwei Wochen per Bahn Richtung Süden,
in Baracken hinter Stacheldraht. Bald
darauf Waffenstillstand, Fluchthelfer
hier, Verfolger dort. Im Vél' d'Hiver, wo
es vor dem Kriege Großkundgebungen
der Front Populaire gegeben hatte, trat
nun die Parti Populaire Français an
(wer ist das Volk?), nach dem Krieg
Billy Graham, beschrieben von Roland
Barthes. (»Das Vél' d'Hiver, meinte dessen Übersetzer, sei »der Pariser ›Sportpalast‹«. Man zuckt zusammen und
denkt an Goebbels oder vielleicht lieber
an »Krücke«, der dort auf den Fingern
pfiff, oder an die legendären Sechs-Tage-
Rennen.)
  Auch an den »Pariser ›Sportpalast‹«
hängen sich ungute Erinnerungen. Bei
der großen Judenrazzia im Juli 1942
wurden dort von der französischen Polizei Eingesammelte ausgeladen. Das war
nicht mehr eine kriegsbedingte vorüber-
gehende Internierung. Weiter ging es –
immer noch unter französischer Leitung
– in Zwischenlager, dann nach Osten
in den Tod. Eine minutiös vorbereitete
und durchgeführte Aktion (vorzügliche
Zusammenarbeit der zuständigen deutschen und französischen Stellen), be-
klemmend sichtbar gemacht in Joseph
Loseys Monsieur Klein. Die Massen der
Aufgegriffenen mit kümmerlichem Ge-
päck auf Tribünen und in Gängen, hilf-
los, verängstigt, im äußerlichen Durcheinander längst berechnet und gezählt.
Ihr Ende war beschlossene Sache, ohne
daß sie es wußten.
  Etwa gleichzeitig Einsammlung von
Juden in Saloniki. Auf Fotos schikanie-
ren frische junge Soldaten – nicht Polizi-
sten oder SS-Männer – die in der Hitze
Wartenden, einfach so, aus Spaß, lassen
sie Kniebeugen machen. Wer umfällt,
wird mit Wasser übergossen. Unter

demselben strahlenden Himmel saßen
derweil in Athen andere Soldaten auf den
Bänken eines antiken Theaters unterhalb
der Akropolis. Außenaufnahmen zum
Film Fronttheater. Kino von lauter feinen
Kerlen für lauter feine Kerle. Auf der
Bühne im Film Minna von Barnhelm oder
Das Soldatenglück. Die empfindliche Ehre
eines adeligen Offiziers im 18. Jahrhundert, nichts von dreckigen Massenmor-
den wegen falscher Großmütter. Keine
Zugvögel am Himmel, keine Erinnyen
im Theater. Wer überholte hier wen?
  Selbstverständlich, um es noch einmal
zu betonen, können Menschen an vielen
Stellen zusammengetrieben und vor-
übergehend unter Verschluß gehalten
werden. Kinos, Konzertsäle bieten sich
an, Diskotheken, leerstehende Fabriken
und anderes. Nur eignen sich Stadien
und Arenen dafür besonders, weil sie
luftig, weitläufig und doch leicht kon-
trollierbar sind, ohne große Vorbereitungen gefüllt werden können (daher auch
immer wieder ihre Verwendung als
»Notquartiere« in Katastrophenfällen)
und weil sie meist nicht im Zentrum
großer Städte liegen. Das macht den An-
und Abtransport technisch einfacher,
und die öffentliche Aufmerksamkeit ist
weniger präsent.
  Also genau das Richtige für die ersten
Tage und Wochen nach einem Umsturz.
Ehe Revolutionstribunale oder Militär-
gerichte an die Arbeit gehen – wenn es
überhaupt zu Verhandlungen kommt –,
lassen sich auf diese Weise wirkliche und
vermeintliche Gegner, Verdächtige aller
Art und »ungeklärte Fälle« beiseite
schaffen, erst einmal, dann vielleicht
endgültig. Das Estadio Chile in Santiago
wurde so im Herbst 1973 überkontinen-
tal bekannt, bekannter als durch die
Fußballspiele, für die es eigentlich gebaut war.
  »Säuberung« – eine übelriechende
Metapher. Ausgeschiedener Schmutz
muß entsorgt werden. Wenn ein maß-
geblicher Offizier der Nelkenrevolution
später sagte, man habe versäumt, »die
Faschisten« in der Stierkampfarena zu-
sammenzutreiben und abzuknallen, so

heißt das eigentlich: »Über Müllabfuhr redet man nicht groß.« Wie hat demgegenüber die Französische Revolution Hinrichtungen großartig und furchtbar zelebriert als ein Stück ihrer Identität. Hier also nichts für die großen Plätze Lissabons. Hypothetisch, aber aufschlußreich.

(Zwischenlager, nicht Endstation. Nach dem Erdbeben 1985 packte man in Mexiko-Stadt Tote, die man noch zu identifizieren hoffte, zwischen Eisblökken in das Baseball-Stadion.)

Pferdewetten können eine Menge Geld einbringen (oder Schulden). Manche Derbys sind immer noch gesellschaftliche Ereignisse ersten Ranges. Der kleine Mann weiß so etwas aus der dafür zuständigen Presse und aus Krimis (Ferngläser, Geheimtreffpunkte, Buchmacherwinke), allenfalls vom Bildschirm trister Wettbüros. Selber ist er dort höchst selten. Es sei denn, er wird festgehalten, in Baracken, Ställen, Zelten oder sonstwie. Auch Pferderennbahnen sind schon für manches gebraucht worden, was mit Pferden und Rennen nichts zu tun hat.

In den Südstaaten der USA wurden einst bei Gelegenheit großer Auktionen Sklaven dort untergebracht, wo sie von Kaufinteressierten anhand des Katalogs in Ruhe vorbesichtigt werden konnten. Als 1941 an der Westküste alle US-Bürger japanischer Abstammung interniert wurden, waren große, übersichtliche Anlagen gefragt, zum Beispiel die Rennbahn von Santa Anita bei Los Angeles. Und die Zigeuner, bei denen 1940 für Leni Riefenstahls *Tiefland* ein Casting stattfand, saßen vor ihrer letzten Reise eingesperrt in einer Rennbahn bei Salzburg.

Scharflicht oder feuchtes Grau, Pittura metafisica oder Nebelland: Leere Stadien wirken spukhaft. Vielleicht tritt dann deutlicher zutage, was in ihnen steckt. Zuschauermassen verdecken das.

Unheimlich wird es, wo auf der Aktionsfläche nichts passiert und niemand klatscht oder pfeift oder sonst etwas anstellt. Wo man sich vorstellen kann, wie dort Zusammengetriebene erwarten müssen, was die Zusammentreiber mit ihnen machen werden. Situationen für Angstschweiß und Alpträume.

Anders als im Roman wird in István Szabós *Mephisto*-Film Hendrik Höfgen allein bei Nacht auf dem Rasen des Olympiastadions von Scheinwerfern festgenagelt, während der Marschall von oben mit seinem Gefolge zusieht. Weder in seinem Theater noch in der Kommandozentrale des Dicken bekommt der Schauspieler seine abschließende Lektion. Im dunklen Riesenoval erfährt er, daß mit seinem kleinen Schein-Anteil an der Macht buchstäblich nichts getan und er gar bald verloren ist. Ein leeres Stadion ist gerade der rechte Ort, um die Kunst das Leben überholen zu lassen, indem sie zeigt, wie das Leben die Kunst überholt.

Vier Jahre früher, 1977, war Klaus Michael Grüber ins dunkle, dezemberkalte (»Wolldecken stehen zur Verfügung«) Olympiastadion gegangen, zur *Winterreise*. Hölderlin (Zitate auf der großen Anzeigetafel), Schubert, deutscher Herbst, das geteilte Berlin und seine Vorgeschichte. Hinter dem Horizont Hyperions und Leni Riefenstahls Griechenland, vor Augen ein Nachbau der Ruine des Anhalter Bahnhofs, ein Würstchenwagen. Am Ende Jeeps, einen Flüchtigen jagend. Es gibt Träume, wo einer in solchen Fällen einfach davonfliegt. Aber die Gänsehaut bleibt.

Zurück ans Tageslicht. Im leeren Stadion hatte Karl Valentin Zeit für paradoxe Scherze. »Erst wartete ich langsam, dann schneller und immer schneller, doch nirgendwo ließ sich etwas von den Olympischen Spielen erspähen.« Da konnte er noch so schnell warten, die Zeit der Spiele war erst einmal vorüber.

Das Geräusch der Stille

Von Stephan Krass

>»Klänge sind nicht mehr einfach Klänge, sondern
Buchstaben A, B, C, D, E, F, G.«   John Cage

Die Stille steht nicht nur als Phänomen unseres Vorstellungsvermögens für einen raren Erfahrungsgegenstand, auch semantisch ist das Wort *Stille* ein singuläres Ereignis. Jedenfalls gibt es den Begriff nicht im Plural. Merkwürdig genug trifft das auch für die Synonyme *Ruhe, Schweigen, Lautlosigkeit* und *Stummheit* zu. Die Sprache läßt hier keine Mehrzahl zu. Das gilt auch noch für das Gegenteil von Stille: den *Lärm* oder das *Getöse*, den *Schall*, das *Gebrüll*, den *Knall*, das *Geschrei* oder den *Radau*.

Bei der Nonchalance, mit der die deutsche Sprache zu Pluralbildungen neigt, scheint es sich bei dieser Ansammlung von Singularitäten um eine *unerhörte* grammatische Einzigartigkeit zu handeln. Folgen wir der semantischen Spur der Worte weiter, stellen wir fest, daß Stille nicht nur ein *singulärer* Begriff ist, sondern auch ein *relativer*. Ebensowenig wie eine Mehrzahl von Stille existiert, gibt es die absolute Stille. Stille läßt sich immer nur in Referenzwerten beschreiben. Im Gegensatz zu Lärm kann man Stille auch nicht messen. Eine Negativskala von *Dezibel* oder *Phon* gibt es nicht. Stille braucht einen Kontext, damit man sie ausdrücken, beschreiben kann. Dieses Bezugsfeld ist das *Geräusch*. Stille ist ein paradoxes Begriffskonzept, das sich nur über die Anwesenheit spezifischer Geräusche beschreiben läßt. Erst über die Geräusche ist die Stille auch im Plural zu haben. Nur so ist Stille in Phon und Dezibel zu messen. Damit haben wir das Paradox nach der logischen Seite aufgelöst. Wie aber lösen wir es poetisch? Wie wägt man ein Konzept von Stille in Worten?

Wir halten uns auch hier an die Frage nach den Referenzwerten. Mit dem Ana-

gramm hat die Poetik ein probates literarisches Referenzverfahren entwickelt, in dem das Konzept eines Begriffs grundstürzende Konversionen erlebt, während sein Material identisch bleibt. So findet der Text im Reich der Buchstaben ständig neue Figurationen. CHAOS? ACH SO! Wie man anhand dieses kleinen Beispiels ahnt, ist die anagrammatische Prozedur als Verfahren der poetischen Analogie-Bildung geradezu prädestiniert. Was also sagt das Anagramm zum *Geräusch der Stille*?

DAS GERÄUSCH DER STILLE

Der schlaue Stil der Sage
Er lauscht der Gasse Lied

Der raue Schall des Teigs
Der las die schräge Lust

Der leere Gast aus Schild
Er schaute des Grals Leid

Glaserde schaudert leis
Die arge Schuld rasselte

Das leise Geld reut rasch
Das leere Seil sagt: durch

Diese Segel schult Radar
Durch alle Siegdesaster

Das Geräusch der Stille
Der Geselle aus Draht (sic)

Nachdem wir die Geräusche und Nebengeräusche der anagrammatischen Worterkundung wahrgenommen haben, begeben wir uns nun in die heiße Zone der Arithmetik des Begriffs *Stille*. Hier kommen wir um ein Verfahren des Wiegens und Messens nicht herum. Denn wir sind ja angetreten, dem Pulsschlag des Begriffs ein ähnliches Objektivierungsschema zugrunde zu legen wie es dem Kontrahenten *Lärm* zur Verfügung steht. Wie also mißt man Stille? Wie kann man ihre Geräuschkulisse klassifizieren? Kann man sie anfassen, fühlen, greifen, sehen, lesen? Ja, kann man sie gar hören? Und was hört man, wenn man der Stille lauscht?

Zur Beantwortung dieser Fragen wollen wir die *poetische Metrologie* bemühen. Deshalb werden wir im folgenden eine Waage benötigen. Da wir hier mit Erkundungen auf der Basis von Algebra und Alphabet arbeiten, brauchen wir eine *Wortwaage*, um das spezifische Gewicht eines Begriffes bestimmen zu können. Dazu bedienen wir uns der einfachsten Grundrechenart, der Addition. Wenn wir das Gewicht eines Wortes errechnen wollen, schauen wir uns seine einzelnen Buchstaben an und ordnen ihnen gemäß ihrer Position im Alphabet Zahlen zu. So ergibt sich für den Buchstaben A die Zahl 1, für B die 2, für C die 3 usw. bis zum Buchstaben Z mit der Ordnungszahl 26.

Erstellen wir also das alphanumerische Konzept des Begriffs *Stille*, kommen wir auf folgende Rechnung: S=19, T=20, I=9, L=12, L=12, E=5, macht in toto 77. Das Wort *Stille* hört auf den Zahlenwert von 77. Da wir Stille nicht als einen absoluten Wert beschreiben können, sondern nur in bezug auf eine Vergleichsgröße, schauen wir uns Begriffe an, deren Buchstaben auf denselben Zahlenwert kommen. Nennen wir sie *numerische Synonyme*. Um solche Operationen durchführen zu können, haben wir ein *Wörterbuch der gewichteten Worte* angelegt, das den Wortschatz der deutschen Sprache nach seinen Zahlenwerten erfaßt. Dieser *alphanumerische Thesaurus* wird uns auf unserer Reise in die Stille begleiten.

Sehen wir zunächst, wie sich das ungeordnete alphanumerische Wortfeld um den Begriff der *Stille* mit dem Zahlenwert von 77 gestaltet. Wir lesen die Substantivreihen: ASPHALT, DYNAMIK, DREHUNG oder FLANEUR, DEMIURG, FOLIANT oder THEATER, AUREOLE, ER-

WACHEN oder GLOSSE, KUTTE, KISSEN. Bei den Verben stoßen wir auf RICHTEN, RÄUMEN, HÜLLEN oder SAMMELN, BÜNDELN, EROBERN. Bei den Adjektiven empfehlen sich KINDISCH, HOMOGEN, KRÄFTIG oder LAUTER, LUZIDE, EISKALT. Wir sehen, der Begriff *Stille* hat eine Menge disparater Referenzen. Versuchen wir also, in der Komplexität des Wortfelds eine Struktur zu erkennen. Dazu gehen wir die einzelnen Konzepte durch, indem wir den Begriff *Stille* an ein Sinnesorgan koppeln.

Wir beginnen mit STILLE SEHEN. Dieses Konzept kommt auf einen Zahlenwert von 128. Schauen wir, was das *Wörterbuch der gewichteten Worte* an numerischen Synonymen aufzubieten hat. Zunächst empfiehlt das Wortfeld einen KONVERTER, es kann auch ein SIMULATOR sein. Er darf allerdings nicht HYDRAULISCH arbeiten, sonst sehen wir die Stille nur als HIEROGLYPHE oder in einer ASYMMETRIE. Ansonsten verspricht uns das Wortfeld eine makellose IKONOGRAPHIE. Es zeigt uns eine SONNENUHR, unter die eine LUFTSCHLANGE auf die FINGERKUPPE schwebt und eine KORPUSKEL auf einem KIESELSTEIN landet. Dann heißt es, das MUSKELGEWEBE entspannen. Als vorbereitende Lektüre legt uns das Wörterbuch die MINIMA MORALIA ans Herz.

Prüfen wir nun das Konzept STILLE GREIFEN. Hier liegt ein Zahlenwert von 141 vor. Wir finden die numerischen Synonyme im entsprechenden Wortfeld unseres *Thesaurus*. KREATIVITÄT, lesen wir. Die werden wir brauchen. Es folgt der Begriff SPIELTHEORIE. Das dürfen wir als Hinweis auf die Methode lesen. Der Begriff VERWANDLUNG zielt in dieselbe Richtung. Dann stehen wir plötzlich vor einem MAUERSEGMENT. Nun wird es SPIRITUELL, und das *Wörterbuch* bittet, die SPRECHMASCHINE abzuschalten. Es führt uns um die Mauer herum, und schon stehen wir mitten im REFEKTORIUM. Die Mönche sitzen soeben beim Essen und schweigen UNERBITTLICH. Der *Thesaurus* hat recht. Hier kann man STILLE GREIFEN.

Jetzt wollen wir es genau wissen: Kann man STILLE HÖREN? Dieses Konzept kommt auf einen Zahlenwert von 142 und kündigt sogleich eine ÜBERRASCHUNG an. Ein PSYCHONAUT wird gesucht. Er soll einen TRAUM DEUTEN. Es ist ein SCHLUMMERLIED, das im UNIVERSUM kreist. Erst wenn dieses Lied einer KONVERSION unterzogen wurde, können wir den ZUSAMMENHANG erkennen, FRAGMENTARISCH zumindest. Der PSYCHONAUT sammelt sein RÜSTZEUG und läßt die SCHWERKRÄFTE hinter sich. Dann erscheint ein SILBERSTREIF im PLEISTOZÄN. GRAVITÄTISCH hält er ein MANUSKRIPT. Es trägt den Titel PARTITUREN der ZAHLENPOETIK. Jetzt wissen wir: Im Wortfeld der Zahl 142 hat das *Geräusch der Stille* ihr Maß gefunden.

Versuchen wir nun, ob wir mit dem alphanumerischen Code der Zahlenpoetik auch das berühmteste musikalische Dokument der Stille, nämlich *4' 33"* von John Cage, entschlüsseln können. Es besteht aus drei Teilen, die alle die Satzbezeichnung *tacet* tragen. Das Wort TACET hört auf den Zahlenwert von 49. Unter dieser Zahl führt der *Thesaurus* zunächst den Begriff SCHLAF. Das macht Sinn. Auch das Wort NACKT können wir in dieser Reihe gut verorten. WIEGE fügt sich ebenfalls ins Bild. DICHTE und DAUER schließen sich an. Dann aber ruft aus dem SCHLAF das Anagramm FALSCH! Das Wortfeld hat uns getäuscht. Es hat den Begriffen eine MASKE vorgehalten. Denn auf denselben Zahlenwert von 49 wie das Wort TACET kommt auch das Wort TON.

Wir sehen, die Paradoxie-Entfaltung des Begriffskonzepts der Stille schreitet voran. Nur so kommen wir dem *Geräusch der Stille* auf die Spur. Aber es wird noch schlimmer. Denn auch das Wort LÄRM residiert unter dem Dach der Zahl 49. Weiter finden wir hier den EKLAT, die NOT und den AFFEKT. Alles Begriffe, die ohne Mühe mit Geräuschentwicklung in Verbindung zu bringen sind. So also spricht das TACET. Doch es lassen sich auch Unterschiede in den einzelnen Sätzen ausmachen. Für die drei Satzbezeichnungen TACET I, TACET II und TACET III vermerkt das *Wörterbuch* unter der Zahl 49 eine Verbreihe, die sich durchaus musikdramaturgisch deuten läßt: ANHEBEN, BLEIBEN, ABSAGEN. Und dann heißt es definitiv BAND-ENDE.

Nehmen wir zum Schluß noch einmal das Gesamtwerk in Betracht und rechnen die Länge des Stücks *4' 33"* in Sekunden um. Somit kommen wir auf die Summe von 273. Das Stück dauert 273 Sekunden. Die einzelnen Sätze, die mit TACET I, II und III überschrieben sind, schlagen nach ihrem Zahlenwert mit jeweils 49 zu Buche. Wir rechnen also drei mal 49 und schauen, welcher Differenzbetrag bis zur Summe von 273 fehlt. Mathematisch ausgedrückt lautet die Formel: $273 = 3$ mal $49 + x$. Für die Unbekannte x ergibt sich ein Wert von 126. Das ist ein Fall für den *Thesaurus*. 126 ist der Rest aus *4'33"* minus dreimal Tacet. Was hat uns die Konstruktion also unterschlagen? Verschweigt uns bei aller Beredsamkeit das dreifache TACET etwas? Was schwingt im *Geräusch der Stille* mit?

Wir blättern das Wortfeld der Zahl 126 auf und lesen. Es sind die SEQUENZEN des HERZSCHLAGS, die SCHALLWELLEN der NEUTRONEN, die RUDERSCHLÄGE der IDENTITÄTEN, die WASSERFÄLLE der GLOSSOLALIE, der AUGENAUFSCHLAG des SINNIERENS, das SCHLUMMERN der INKARNATION, kurzum: die KOORDINATEN der VOLLENDUNG. So klingt das *Geräusch der Stille*. Jetzt kann man es hören. Sein Klang schwingt im Resonanzraum der Worte. Mit Algebra und Alphabet hat die Stille ihr Maß gefunden. Damit hätte selbst der Lärm nicht rechnen können.

Chronik (XIX)

Von Iris Hanika

Samstagmittags versammeln sich die Stadtmittebesucher, die aus anderen Städten oder von der Peripherie der Stadt hierher gekommen sind, in der Lebensmittelabteilung des Luxuskaufhauses, das sich just dort, in der Mitte der Hauptstadt des Vaterlandes, befindet. Indes können sie dort gar nichts erleben, sondern nur etwas kaufen. Etwas kaufen können sie zwar auch daheim, und daheim können sie es auch ohne jedes Problem, aber hier handelt es sich nun um etwas Besonderes, diese Lebensmittelabteilung in diesem Kaufhaus in diesem Stadtteil der Hauptstadt des Landes ist ein Teil des Erlebnisses, dessentwegen sie ihre Reise angetreten haben, und darum stehen sie verstört herum und brauchen eine Weile, bis ihnen einfällt, was sie tun sollen. Was sie aber tun sollen, ist Geld ausgeben.

An einem Tischchen sitzen zwei Männer um die siebzig und schlürfen Austern. »Da brauchst du kein Viagra mehr«, sagt der eine zum anderen, sonst sagen sie nichts. Eine Frau mit hüftlangem Haar steht mit ihren Freunden herum. Sie hat ihren übergewichtigen Körper mit unförmiger Kleidung unattraktiv gemacht, und von ihrem Gesicht lenken ihre Prachthaare ab und machen es zunichte. Die Frau ist um die dreißig und scheint sich darein ergeben zu haben, daß an ihr nichts schön sein kann als ihre Haare. Ganz vorsichtig bewegt sie sich, so kommen die Haare nicht in Unordnung. Der alte Mann, der gerade sprach, geht an ihr vorbei zum Fischstand und holt noch einen großen Teller Austern für sich und seinen Freund. Eine Geschlechterauffassung, bei der Männer das Gelingen ihrer Verbindung mit dem anderen Geschlecht allein am Stehvermögen ihrer Schniedel bemessen, hat natürlich keinen Platz für dicke Frauen, sondern verlangt nach den Plastikweib-

chen, die sich oben in der Parfümerieabteilung armieren, darum schaut der alte Mann die junge Frau gar nicht erst an, obwohl in seiner Geschlechterauffassung eigentlich auch kein Platz für viagrabedürftige alte Männer sein sollte.

Andere unsichere Konsumenten sind: ein älteres Ehepaar in grauen Lodenmänteln mit kleinen Hüten auf dem Kopf. Eine Männerriege, die sich vor dem Biertresen in die Barhocker eingeschraubt hat. Dünne Freundinnen in halbflotter Kleidung. Alle sind sie damit zufrieden, daß die Speisen hier sehr teuer sind und trotzdem selbst zu den hohen Tischen, an denen man auf hohen Stühlchen sitzt, getragen werden müssen. Alle wedeln sofort mit ihrem Geld, wenn sie etwas bestellt haben, alle wollen immer alles sofort bezahlen. Die hilflosen Touristen wollen lieber Konsumenten sein als Fremde, und darum geben sie ihr Geld aus, denn irgendwie müssen sie ihre Anwesenheit an diesen fremden Orten rechtfertigen. Als müßten sie dafür bezahlen, wenn sie sich in der fremden Stadt aufhalten wollen. Nein, sie wollen dafür bezahlen. Vielleicht, um etwas zurückzugeben, wahrscheinlich, um den Ort zu markieren und sich anzueignen, indem sie dort etwas zurücklassen. Das muß keine Scheiße sein, es kann auch Geld sein, beziehungsweise ist dieses in der Zivilisation der vollwertige Ersatz für jene. Weiß ja jeder. Ist nichts Neues. Trotzdem betrübt diese Vorführung in ihrer Deutlichkeit.

In einem der eleganten neuen Selbstbedienungscafés, von denen die Stadt voll ist, steht eine elegante junge Anwältin, die in einer großen Kanzlei arbeitet, und erzählt einem Kollegen aus einer anderen Kanzlei, wie es bei ihnen zugeht. Sachen habe sie erlebt! Sie könnte direkt einen Roman schreiben. »So etwa dreißig

Schlüsselszenen hätte ich bestimmt. Wenn ich jede auf fünf Seiten auswalze, hätte ich schon hundertfünfzig Seiten, das würde doch reichen«, sagt sie, und ich denke, genau, das ist es, dazu taugt der Roman: Wenn man sich nicht traut, Klartext zu reden, aber trotzdem etwas loswerden muß, dann schreibt man einen sogenannten Roman. Unter dem Mantel der Fiktion, unter der Vorspiegelung, es sei bloß ausgedacht, was man da erzählt, sagt man endlich mal die Wahrheit. Bloß ist das dann nicht die Wahrheit, denn wahr sind nur die gänzlich ausgedachten Romane, und auch die nur, wenn sie groß sind, also die allerwenigsten. Alles andere ist gelogen, reine Unterhaltung, wenn man Unterhaltung als Hilfe beim Totschlagen der Zeit versteht, und landet nach einem halben Jahr im Ramsch.

Im Schokoladengeschäft geht ein etwa zweijähriges Mädchen herum, faßt alles einmal an und hustet dabei schwer. Später stehen sie und ihre Mutter an der Kasse. Die Mutter sagt zu ihrem Kind: »Schau mal, Lina, die Frau mag dir etwas geben.« Das Kind sagt gar nichts, nimmt aber zwei Schokoladenpastillen entgegen. »Sagst du danke?« fragt darauf die Mutter das Kind, das nicht antwortet, sondern die Verkäuferin anstarrt. Wie mit einem gemeingefährlichen Vollidioten, so behutsam redet diese Mutter mit ihrem Kind, um Gewaltausbrüche bei der Gewöhnung an die Zivilisation zu vermeiden.

Paris, Flughafen Charles de Gaulle/Roissy. Das Terminal 1, erbaut von 1967 bis 1974, ist nach dreißig Jahren Gebrauch recht abgenutzt. Der runde Innenhof des Gebäudes wird von schräg durch die Luft gezogenen Röhren, deren obere Hälfte aus Plexiglas besteht, durchschnitten. In den Röhren sind Laufbänder, auf denen die Passagiere stehen, nie gehen, die von ihren Ankunft-Gates zum Ausgang transportiert werden oder umgekehrt. Man muß sich hier übrigens treiben lassen, das heißt sich rückhaltlos dem Gebäude anvertrauen, sonst verläuft man

sich. Der Beton, aus dem das Terminal 1 gebaut wurde, ist schon etwas verwittert, die Metallbänke, auf denen man sitzt und darauf wartet, daß die Gepäckbeförderungsanlage die Koffer ausspuckt, sind abgestoßen. In der Decke darüber liegen alle Versorgungsleitungen frei, und das wirkt nun gar nicht modern, sondern leicht schäbig – als sei den Leuten beim Bau das Geld ausgegangen, so daß Deckenverkleidungen nicht mehr drin waren. Anheimelnd altmodisch und dadurch regelrecht gemütlich ist dieser Bau indes nicht, weil ihm die Benutzung schon deutlich anzusehen ist, sondern aus anderen Gründen: Diese Art von Futurismus gehört der Vergangenheit an. Menschen, die in Plexiglasröhren schräg durch einen überglasten runden Innenhof transportiert werden, wirken rührend, weil man das sonst nur aus alten Filmen oder alten Comics als Vorstellung von der Zukunft kennt. Die Zukunft wurde dann aber doch anders. Plexiglas ist derart aus der Mode gekommen, daß es heute nostalgische Gefühle erzeugt.

Es ist die Zukunft der Vergangenheit, die man hier sieht. Vor allem aber, und das ist das wahrhaft Altmodische, fällt es schwer, in diesem Terminal 1 etwas zu kaufen. Es ist keine Shopping-mall mit Flughafenanschluß, wie man sie zum Beispiel in Brüssel, London, Warschau findet. Vielmehr gibt es hier, in der einen oder anderen Ecke versteckt, kleine Duty-free-Parfümerien mit einem Bruchteil des andernorts üblichen Angebots und daneben genauso kleine Buch- und Zeitungsläden. Die vereinzelten Kaffeeausschänke sehen genauso angesifft aus wie das durchschnittliche Pariser Eckcafé, und die Gäste rauchen dort so unbefangen, als würde sie das nicht sozial stigmatisieren. An diesem Terminal geht es tatsächlich nur um den Komfort der Reisenden und um sonst nichts. Es weicht einem das Herz auf.

Krebskrank. Das ist eine Onomatopoiesis. Krebs ist die Krankheit, bei der der Körper sich selbst auffrißt. Im körperlichen Krebs aber materialisiert sich der seelische, welcher die absolute Ich-Bezogenheit ist. Krebs ist die körperliche Ausprägung des Narzißmus, die Krankheit des Selbst. Die selbstische Krankheit. – Wenigstens bei dem alten Bekannten, der jetzt ein Krebskranker ist, erscheint das so. Er ist fünfundvierzig Jahre alt, hat immer hart geraucht und nun Lungenkrebs. Er sei inzwischen auf drei Zigaretten am Tag runter, berichtet er. Er spricht etwa zwei Stunden am Stück. Als er alles erzählt hat, stellt er die rhetorische Frage, ob es sonst noch etwas zu erzählen gäbe, und verneint sie sofort. Was ich gemacht habe in den Jahren, da wir uns aus den Augen verloren hatten, fragt er nicht. Wie es mir geht, ist allerdings auch völlig unerheblich, denn ich bin nicht krebskrank.

Kurze Zeit, bevor er wegen der Schmerzen in der Schulter zum ersten Mal zum Arzt ging und erfuhr, daß diese Schmerzen von den bereits mit der Wirbelsäule verwachsenen Metastasen aus der Lunge herrührten, hatte er mit einer Frau, die er schon seit Jahren kannte, ein Liebesverhältnis begonnen. Diese Frau war früher Krankenschwester in der Krebsstation. (Er sagt jetzt natürlich »Onkologie«.) Während er seine Chemotherapien macht, ist sie arbeitslos. Dafür, sagt er, sei er geradezu dankbar, weil das ganze Brimborium sonst sicher zu belastend für sie wäre.

Bevor er Krebs hatte, hatte er sein Leben absolut nicht im Griff, sondern trieb, dem Ertrinken stets nahe, im Strom. Alle Geschäftsanstrengungen schlugen fehl, sie waren auch stets hanebüchen. Jetzt hat die Krankheit ihn im Griff und gibt vor, was getan werden muß. Es müssen Therapien gemacht, Untersuchungen abgewartet, Perspektiven besprochen werden. Jetzt ist sein Leben klar geregelt.

In seiner Jugend war er Mitglied einer kommunistischen Partei und blieb das lange Zeit. Er war schon deutlich über dreißig, als er die Partei unspektakulär verließ. Da war er dann kein Kommunist mehr, sondern nahm sich vor, sich durchs Leben zu mogeln und dabei möglichst korrupt zu sein. Was man allerdings auch können muß. Er konnte es nicht. Heute gehört er der klar definierten Gruppe der Krebskranken an. Als er vom Selbstmord als möglichem letzten Ausweg spricht, erklärt er wie selbstverständlich, ihn wenn, dann mit Insulin ausführen zu wollen. »Alle Krebskranken wissen das«, sagt er auf Nachfrage. Die geschlossene Gesellschaft der Krebskranken bringt sich also mit Insulin um. In diese Sekte kann man nicht einmal mit Bewährungszeit und Bürgen aufgenommen werden, sondern es bestimmt allein der liebe Gott, wer dazugehören darf.

Jetzt geht es ihm richtig gut, und er weiß das womöglich gar nicht. Jedenfalls wird er glücklich sterben, und das ist viel, wenn er auch sein Glück allein durch die Krankheit zum Tode gefunden hat.

Ein ganzes Wochenende habe ich mit einer französischen Bekannten verbracht, die immer wieder auf Filme von Ingmar Bergman verwies, was sie ziemlich lustig fand, sobald ihr aufgefallen war, daß keineswegs die Welt um sie herum wie ein Bergman-Film ist, sondern vielmehr sie immer wieder in eine entsprechende Stimmung verfällt. In ihrer Jugend habe sie gerne Bergman-Filme gesehen, sagt sie. Sie kommt aus dem Norden Frankreichs. Das erste Mal erlebte ich ihre Bergman-Stimmung, als ich ihr sagte, dort sei ich schon einmal gewesen, »dans la région des mines«. Genau daher komme sie, antwortete sie und begann gleich eine Litanei: »mon grandpère était mineur, mon père travaillait dans les mines …«, und erst am letzten Abend ihres Besuches fiel mir ein, daß »mineur« das französische Wort für »Bergmann« ist. Zwei Tage später rufe ich einen Freund an, der mir sagt, daß er sich gerade im Fernsehen einen Film von Ingrid Bachmann ansehe.

Wie die Verkäufer in den Geschäften die Übergabe des Geldes mit Worten beglei-

ten. Der eine sagt: »Das macht dann ungefähr sechs fünfzig«, und setzt das bei
der Übergabe des Wechselgeldes fort:
»drei fünfzig macht zehn und vierzig
macht ungefähr fünfzig«. Der andere
sagt: »Ich sehe einen Euro siebzig auf
mich zukommen.« Der dritte sagt:
»Und ich hätte gern eins zwanzig, am
liebsten in Euro.«

Ich sage: »Komm mich doch mal besuchen«, und sie sagt: »Ja, komm doch mal
vorbei«, und ich sage: »Nein, ich meinte, du könntest doch mich mal besuchen
kommen, wenn du sowieso so oft bei mir
in der Gegend bist«, und sie sagt: »Ja,
klar, ruf halt vorher kurz an«, und natürlich hat weder sie mich, noch habe ich sie
je besucht.

Eine ähnliche Form des *incomunicado*
erlebe ich bei einem Exil-Iraker, der mit
einer deutschen Frau verheiratet ist und
stolz erzählt, daß seine zwei Kinder nicht
nur seinen arabischen Nachnamen, sondern auch arabische Vornamen trügen,
nachdem wir ihn gefragt hatten, ob sie
denn auch arabisch sprächen. Nein, kein
Wort. Das sei aber schade, sagen wir. Ja,
schon. Um so mehr, als sie doch komplett arabische Namen hätten, sagen wir.
Das ältere Kind beginne schon, sich für
arabische Dinge zu interessieren, antwortet er darauf. Daß seine Kinder aber
nur deutsch sprechen, das könne er seiner
Frau nun nicht zum Vorwurf machen.

Der Mann spricht so laut, daß alle mithö-
ren müssen, und die Frau spricht so leise,
daß keiner weiß, was sie sagt. Er sagt
ständig: »Jetzt hör mir doch mal zu«. Sie
scheint ihn zu unterbrechen, aber nur am
Anfang. Womit, weiß man ja nicht. Er
erklärt, wie großartig das von ihm erfundene Regalsystem sei und ein wie gutes
Geschäft das würde, wenn nur ein
Bruchteil der Leute, die aus beruflichen
Gründen umziehen müßten und so weiter, und erklärt auch, daß alle Leute ständig umziehen müßten, zum Beispiel von
München nach Karlsruhe. Er sieht so
ehrgeizdurchsotten aus, wie er spricht,

und sie ist Ausländerin, und das Publikum an den Nebentischen erklärt sich
diese Konstellation so, daß er eigentlich
keine Freundin finden kann, weil er un-
erträglich ist, daß sie ihn aber genommen hat oder sich von ihm nehmen ließ,
weil sie nicht unter Ausländern bleiben
wollte, sondern Anschluß an die Deutschen suchte. Oder es ist ganz anders,
und sie erwarten einfach nicht mehr vom
Leben als solche Abende mit unangeneh-
men Gesprächen überm Essen, das zwischen zwei Halbsätzen in die Redelöcher
hineingeschaufelt wird.

Wie bislang die Nazizeit in der Literatur
populär war, so wird es jetzt der Bom-
benkrieg nebst Einmarsch der Sowjet-
armee. Da kann man prima Vergewalti-
gungen beschreiben (in dieser Hinsicht
hat das Nazisujet ja nun nichts zu bieten), kann das Bild des deutschen Mannes demontieren, indem man ein paar
Memmen danebenstellt (das könnte zum
einen als leise Kritik am aktuellen Män-
nerbild mit dem weichen Kinn und den
sanften Augen aufgefaßt werden, zum
anderen aber klarstellen, daß der deutsche Mann nicht einmal damals das gewesen wäre, als was man ihn, der damaligen Propaganda folgend, gerne hinstellt)
und dann brutale dumme Gewalt schil-
dern, die aber von den Angehörigen der
fremden Armee ausgeübt wird. Schän-
dung, Feigheit und Gewalt – was wollte
das Watteherz mehr.

An einem Abend lerne ich einen Mann
kennen, der einem anderen Mann, in den
ich einmal verliebt war, wie aus dem Gesicht geschnitten, nur etwas schöner ist.
Das verwirrt mich sehr. Ich möchte ihn
immer nur anstarren und weiß nicht, was
ich mit ihm reden soll, weil ich mit dem
Mann, dem er so ähnlich sieht, schon alles zu Ende beredet habe, ihm auch weder nachweine, noch ihn gerne einmal
wiedersehen wollte. Da ist wirklich gar
nichts mehr. Doch verstellt mir dieser,
der aus meinem Leben komplett ver-
schwunden ist, den Weg zu jenem, ob-

wohl der, wie gesagt, besser aussieht und ich eigentlich nichts dagegen hätte, ihn öfter anzustarren.

Eine Woche später sehe ich bei einer Ausstellungseröffnung einen anderen Mann, der von schräg hinten genauso aussieht wie der Mann, auf den ich einen Haß habe, weil ich zu lange an der Liebe zu ihm festhielt und mir dadurch viele Jahre meines Lebens vergällte. Mit diesem Doppelgänger kann ich natürlich erst recht nicht reden und bin sehr froh, als er endlich geht. Um das Maß vollzumachen, betritt kurz darauf eine Frau die Galerie, die der Konkurrentin um das aktuelle Objekt der Begierde wie aus dem Gesicht geschnitten ist, und ich frage mich jetzt aber echt mal, was das soll, und finde, daß es nun dicke reicht, doch fällt mir nichts Besseres ein, als schnell noch ein Glas Wein zu trinken, in der Hoffnung, daß ich danach nicht mehr so klar sehen kann.

In New York, erzählt mir einer am Nachmittag, müßten Musiker, die in der U-Bahn spielen wollen, ein Probespiel machen, müssen also vorführen, was sie können. Das ist Kultur!, sind wir uns einig, weil wir uns vorstellen, daß auf diese Weise nur noch gute Musiker in der U-Bahn auftreten. Das fällt mir am Abend wieder ein, als eine Frau in den Biergarten kommt und die friedliche Stimmung stört, indem sie jiddische Lieder vorträgt und sich dabei auf der Gitarre begleitet. Nach »as der rebbe singt«

schließt sie mit dem israelischen Lied »hevenu schalom alejchem«, das in meiner Schule alle Schüler in allen Klassen lernen mußten, nachdem unser Musiklehrer die Sommerferien in Israel verbracht hatte, und das wir dann im Musikunterricht ein ganzes Schuljahr lang zum Abschluß jeder Musikstunde sangen, bis beim Basketballturnier vor den nächsten Sommerferien die Mannschaft der zwölften Klasse mit dem Text »Wir werden siegen, jawollja« auf diese Melodie einlief. Dann gab ich der Sängerin der jiddischen Lieder vor allem deswegen den erzwungenen Obolus, um das schlechte Gewissen wegen des süffisanten Gedenkes zu beruhigen. So schlecht war sie auch gar nicht. Sie dürfte wahrscheinlich sogar in der New Yorker U-Bahn auftreten.

Wenn mein dem Alter nach väterlicher Freund von der Liga gegen Imperialismus, dem Kampf der maoistischen Studentenschaft für das Proletariat und den kommunistischen Analysen der Weltlage der siebziger Jahre erzählt, wenn er berichtet, wie ihnen die Notwendigkeit der Kulturrevolution einleuchtete und wie schön er das Reispapier fand, auf dem die *Peking-Rundschau* gedruckt war, dann höre ich ihm immer gerne zu und fühle mich wohl in meiner sozialdemokratisch verwüsteten Gegenwart. Geschichten aus der abgeschlossenen Vergangenheit erzeugen immer eine gemütliche Stimmung.

HUBERT MARKL, geb. 1938, Professor emeritus für Biologie. Zuletzt ist erschienen *Schöner neuer Mensch?* (2002). – Der Beitrag ist die gekürzte Fassung eines Vortrags, gehalten im September 2004 in Göttingen zum hundertsten Jubiläum der Deutschen Gesellschaft für Psychologie. hubert.markl@uni-konstanz.de

BURKHARD MÜLLER, geb. 1959, Dozent für Latein an der TU Chemnitz. 2000 ist erschienen *Das Glück der Tiere*. burkhard.mueller@sprachenzentrum.tu-chemnitz.de

JOHN BENDER, geb. 1940, Professor of English and Comparative Literature, Director of the Humanities Center, Stanford University. 2004 erschien *Regimes of Description. In the Archive of the Eighteenth Century* (Mitherausgeber). bender@stanford.edu

ANNEGRET MAHLER-BUNGERS, geb. 1943, Literaturwissenschaftlerin und Psychoanalytikerin. mahler-bungers@t-online.de

ALFRED HACKENSBERGER, geb. 1959, Journalist. 1998 ist erschienen *I am Beat. Das Leben des Hipsters Herbert Huncke – und seine Freunde Burroughs, Ginsberg, Kerouac*. hackensberger@hotmail.com

HORST MEIER, geb. 1954, Autor. Mitherausgeber von *Verbot der NPD oder Mit Rechtsradikalen leben* (2002).

RAINER PARIS, geb. 1948, Professor für Soziologie an der Hochschule Magdeburg-Stendal. 2005 wird erscheinen *Normale Macht. Soziologische Novellen*.

STEFAN WILLER, geb. 1970, wissenschaftlicher Mitarbeiter am Zentrum für Literaturforschung, Berlin. 2003 ist erschienen *Poetik der Etymologie*. willer@zfl.gwz-berlin.de

RENATUS DECKERT, geb. 1977, Doktorand an der Humboldt-Universität zu Berlin, Mitherausgeber der Literaturzeitschrift *Lose Blätter*. www.lose-blaetter.de

THORSTEN OYE, geb. 1975, studiert Musikwissenschaft und Neuere deutsche Philologie an der Humboldt-Universität zu Berlin. t.oye@gmx.de

HELMUT NIEMEYER, geb. 1931.

STEPHAN KRASS, geb. 1951, Literaturredakteur beim SWR Baden-Baden. 2002 ist der Gedichtband *Tropen im Tau* erschienen, 2004 *Lichtbesen*. www.stephan-krass.de

IRIS HANIKA, geb. 1962, Autorin. 2003 sind erschienen *Das Loch im Brot* und *Berlin im Licht* (Mitherausgeberin).

Im nächsten Heft:

SIEGFRIED KOHLHAMMER
Modell Japan?
Über Modernisierung und Demokratisierung und ihre Voraussetzungen

STEFAN BOLLMANN
Die jugendliche Gesellschaft. Über die Desorganisation der Lebensverhältnisse

JÜRGEN MITTELSTRASS
Europa erfinden

FRIEDRICH DIECKMANN
Malta und »Die Malteser«. Schiller und der Vorposten Europas

Bezugsbedingungen: Der Merkur erscheint monatlich, im Sept./Okt. als Doppelheft. Die Zeitschrift kann durch jede Buchhandlung oder unmittelbar vom Verlag bezogen werden. Preis des Einzelheftes EUR 10 (D) / sFr 18,40; des Doppelheftes EUR 18 (D) / sFr 32,40; im Abonnement jährlich EUR 98 (D) / sFr 163; für Studenten gegen Vorlage einer Bescheinigung EUR 72 (D) / sFr 120. Private Abonnenten, die direkt über den Verlag beziehen, erhalten bei Nachbestellung jedes lieferbare Heft zum anteiligen Abo- bzw. Abovorzugspreis. – Falls die Lieferadresse von der Rechnungsadresse abweicht, fallen zusätzliche Kosten von EUR 0,35 (D) je Heft und Lieferung an. Der Abonnementpreis ist jährlich im voraus fällig (bitte die Rechnung abwarten). Gerät der Kunde mit der Bezahlung einer Rechnung in Verzug, so werden damit alle unsere noch offenstehenden Rechnungen sofort fällig. Gerichtsstand ist Stuttgart. Alle genannten Preise enthalten die zum Zeitpunkt des Kaufs gültige Mehrwertsteuer. In Drittländern (außerhalb der EU) gelten die angegebenen Preise netto; alle Preise jeweils zuzüglich Versandkosten. Die Kündigung des Abonnements muß spätestens vier Wochen zum Ende des Bezugszeitraums in schriftlicher Form an den Verlag erfolgen. Ansonsten verlängert es sich automatisch um ein Jahr. Die Mindestbezugsdauer mit Ausnahme des Mini-Abos beträgt ein Jahr.

Manuskripte: Für unverlangt und ohne Rückporto eingesandte Manuskripte kann keine Gewähr übernommen werden.
Urheber- und Verlagsrecht: Alle veröffentlichten Beiträge sind urheberrechtlich geschützt. Nachdruck eines Beitrages während der gesetzlichen Schutzfrist nur mit Genehmigung des Verlags. Auch die Rechte der Wiedergabe gleich in welcher Form – durch Vortrag, Funk- oder Fernsehsendung, im Magnettonverfahren, auf elektronischem oder auf ähnlichem Wege – bleiben dem Verlag vorbehalten. Zuschriften, die den Vertrieb und die Anzeigen betreffen, bitte an den Verlag senden.
Verlag: J. G. Cotta'sche Buchhandlung Nachfolger GmbH, Postfach 10 60 16, 70049 Stuttgart, Tel. 07 11/66 72-0
Anzeigenverwaltung: Friederike Kamann, Tel. 07 11/66 72-12 25, Fax -20 32. Gültig ist die Anzeigen-Preisliste Nr. 19 vom 1. 1. 2004. Verantwortlich für den Anzeigenteil: Rainer Just.
Abonnementverwaltung: Friederike Kamann, Tel. 07 11/66 72-12 25 (bitte Kundennummer angeben); Thomas Kleffner, Klett-Cotta, Zeitschriften, Rotebühlstr. 77, 70178 Stuttgart, Tel. 07 11/66 72-16 48, Fax -20 32, e-mail: th.kleffner@klett-cotta.de
Satz: TypoScript, Waldorf & Deiser, München. Druck und Einband: Ludwig Auer, Donauwörth.
Redaktionsschluß: 5. 11. 2004
ISSN 0026-0096　　NC　N　NCA

MERKUR

Deutsche Zeitschrift für europäisches Denken

Herausgegeben von
Karl Heinz Bohrer und Kurt Scheel

58. Jahrgang 2004, Heft 657‑668

Essays

IV

V

Gedichte, Prosa

Kritik

MARGINALIEN

Giovanni Reale
Kulturelle und geistige Wurzeln Europas

Für eine Wiedergeburt des »europäischen Menschen«

Schöningh

GIOVANNI REALE

Kulturelle und geistige Wurzeln Europas

Für eine Wiedergeburt des
»europäischen Menschen«

Aus dem Italienischen übersetzt
von *Sigrid Spath*

2004. 178 Seiten, kart.,
€ 19,90/sFr 34,90
ISBN 3-506-71797-9

Was ist Europa? Ein Ableger Asiens, wie Nietzsche polemisierte? Oder handelt es sich um eine Idee, die in einer besonderen Kultur (im Griechenland eines Sokrates und Platon) entstanden ist und dann universale Bedeutung und Tragweite gewonnen hat, wie Husserl erklärte? Können wir uns wirklich Europäer nennen?

Die Dringlichkeit dieser Fragen war vielleicht nie so augenscheinlich wie in unseren Tagen, in denen eine Verfassung Gestalt annimmt.

Stimmen zur italienischen Originalausgabe:

»Mit analytischer Genauigkeit und kritischer Energie durchschreitet Reale die verschiedenen Epochen, die unser Bewusstsein als europäische Bürger geprägt und geformt haben.«
La Repubblica

»Eine überaus nützliche Einübung, gerade auch für Politiker, wenn die historischen Wegmarken aufgezeigt werden, die man auch in der Diskussion praktischer und juristischer Fragen nicht außer Acht lassen kann.«
Corriere della sera

»Das Buch ist vor allem vor dem Hintergrund einer endgültigen Annahme einer gemeinsamen Verfassung für unseren Kontinent durch die europäischen Regierungen brandaktuell. Es sollte als eine ernsthafte Basis für eine ehrliche und vorurteilslose Diskussion über die Bedeutung der europäischen Identität gelesen und diskutiert werden.«
Secolo d'Italia

Schöningh

Verlag Ferdinand Schöningh GmbH · Postf. 2540 · D-33055 Paderborn · Tel. 0 52 51 / 127-5 · Fax 127-860
e-mail: info@schoeningh.de · Internet: www.schoeningh.de

**Komparatistik
Philosophie
Klassische Philologie**

Universitätsverlag
WINTER
Heidelberg

WOLFGANG LANGE
JÜRGEN PAUL SCHWINDT
KARIN WESTERWELLE (Hg.)

Temporalität und Form

Konfigurationen ästhetischen und historischen Bewußtseins – Autoren-Kolloquium mit Karl Heinz Bohrer –

2004. 243 Seiten, 7 Abbildungen. (Beiträge zur neueren Literaturgeschichte, Band 213)
Geb. € 34,–
ISBN 3-8253-1696-3

Der in Paris und London lebende Literaturwissenschaftler und Merkur-Herausgeber Karl Heinz Bohrer hat mit seinen Beiträgen zur ästhetischen Theoriebildung wie seinen Interventionen zum kulturellen und gesellschaftspolitischen Diskurs der Moderne eine weit über die Grenzen der Bundesrepublik hinausreichende Wirkung entfaltet. Der Band dokumentiert die Beiträge eines Bohrer gewidmeten Autorenkolloquiums, das namhafte Vertreter der philosophischen, kunst- und literaturtheoretischen Fächer in Bielefeld, der langjährigen Wirkungsstätte des derzeit in Stanford und New York lehrenden Wissenschaftlers, zusammengeführt hat. Das Kolloquium liefert nicht nur die erste systematische Auseinandersetzung mit Bohrers Werk, sondern läßt sich auch als vorläufige Bilanz der Leistungen der nachadornoschen Ästhetik lesen.

Mit Beiträgen u. a. von Vittoria Borsò, Rüdiger Bubner, Volker Gerhardt, Hans Ulrich Gumbrecht, Hannelore Schlaffer, Martin Seel, Victor Stoichita, Wilhelm Voßkamp und Rainer Warning.

D-69051 Heidelberg · Postfach 10 61 40 · Tel. (49) 62 21 / 77 02 60 · Fax (49) 62 21 / 77 02 69
Internet http://www.winter-verlag-hd.de · E-mail: info@winter-verlag-hd.de

Scheide|wege

Jahresschrift für
skeptisches Denken

... das Forum
für Autoren, die den
Scheideweg aufzeigen,
an dem wir auf allen
Gebieten des Lebens
stehen.

Aus dem Inhalt des **34. Jahrgangs:**

Günter Altner
Rio, das Programm der
Nachhaltigkeit und die Erd-Charta

Gernot Böhme
Atmosphären wahrnehmen,
Atmosphären gestalten

Thomas Fuchs
„Lebenswissenschaften"
und Lebenswelt

Michael Hauskeller
Von der heiligen Pflicht,
die Toten zu essen

Ludger Lütkehaus
Auf der Suche nach der
vergeudeten Zeit

Hans-Martin Schönherr-Mann
Natur als Ereigniszusammenhang

und viele weitere Beiträge

Jahrgang 34 · 2004/2005
422 Seiten, 18 s/w- und
12 farbige Abb., kart.
ISBN 3-7776-1316-9
€ 23,50 zuzügl.
Versandkosten.

Scheidewege im Abo.
1 x jährlich: € 19,50
zuzügl. Versandkosten.
(Lieferbar ab Jahrgang 24)

www.scheidewege.de

Sofort-Bestellung
Tel. 0711 / 2582 353 · Fax 0711 / 2582 290
Bestell-Service: 0800 2990 000 freecall
Ferngespräche zum Nulltarif
mit Bandaufzeichnung

S. HIRZEL Verlag
Birkenwaldstraße 44
70191 Stuttgart
E-Mail: service@hirzel.de
Internet: www.hirzel.de

»Ich ist ein Anderer«

Rimbaud

| Wilhelm Fink Verlag |

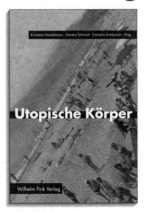